KAWADE
夢文庫

江戸のしきたり
面白すぎる博学知識

例えば、60日に一度、
「Hがご法度の日」があった理由とは?

歴史の謎を探る会［編］

河出書房新社

江戸のしきたりには心豊かに生きる「知恵」が満載！◉まえがき

江戸時代、人々は「泰平《たいへい》の世」のもとで、活《い》き活きとした暮らしを送っていた。とくに幕府が置かれた江戸の町は、地方から多くの人々が集まり、当時〝世界一〟ともいわれた大都市を形成していた。

人口がふえれば、おのずと〝ルール〟が必要になる。人々は、さまざまな「しきたり」や「作法」を生み出し、それを大切に受け継いでいった。

たとえば、銭湯では「年長者優先」というマナーがあった。洗い場では奥の席を年長者に譲《ゆず》り、湯加減も湯船のなかで一番年上の者の好みに合わせていた。この作法は、目上の人を敬《うやま》う気持ちから、ごく自然に生まれたものだった。

このようなしきたりは、厳しいものばかりとは限らず、人間関係を滑《なめ》らかにする役割もあれば、人生を楽しむための指針《ししん》にもなった。江戸の世に生きる人々は、決まりをきちんと守ることによって、心豊かな暮らしを実現させていたのである。

江戸のしきたりから見える「暮らしの知恵」や「考え方」に、私たち現代人が学ぶべきことも多いはずだ。趣向《しゅこう》を凝《こ》らした江戸の文化とあわせて味わってみていただきたい。

歴史の謎を探る会

江戸のしきたり面白すぎる博学知識／もくじ

一章 江戸の暮らしのしきたり

◆生きるための知恵の宝庫！

二章 江戸の近所づきあいの巧みさ

◆いつでもどこでも、和気あいあい!

三章

江戸の身だしなみの作法

◆上手な人づきあいの秘訣!

四章

江戸の遊びのマナー

◆知らないと〝無粋〟と笑われる!

五章 江戸の恋愛と結婚のオキテ

◆家格や年齢でがんじがらめ!

六章 江戸の年中行事の決まりごと

◆生活に〝うるおい〟をもたらす！

七章 江戸の商いの約束ごと

◆アイデアに満ちあふれている！

八章 江戸の武士の正式作法

◆〝天下泰平の世〟を支える！

九章 江戸の刑罰のしきたり

◆信じられないほど〝過酷〟!

本文イラスト◉瀬川尚志
◉皆川幸輝
◉樋口太郎
図版作成◉新井トレス研究所
協力◉ロム・インターナショナル

一章

江戸の暮らしのしきたり

◆生きるための知恵の宝庫！

「士農工商」の身分制度を人々はどう思っていた？

江戸時代において「士農工商《しのうこうしょう》」という身分制度が確立していたことはよく知られている。

しかしじっさいには、身分制度は、それほど江戸の人々を束縛《そくばく》するものではなかった。たとえば寺子屋《てらこや》では、武士の子と町人の子が、机を並べて手習いをしていたし、道場では武士の子ばかりでなく町人の子も受け入れて、剣の修行をさせることに何の疑問も感じていなかった。

そのうち、寺子屋に優秀な子どもがいるらしい、剣術で人並みはずれて上達の速い少年がいるらしいと、寺子屋や道場に出入りする人たちの口に上るようになり、それが、子どものいない旗本《はたもと》の耳に入ったりする。その結果、養子縁組が決まり、瀬戸物屋の息子が旗本家の跡取《あとと》りになり、やがて親の名跡《みようせき》（家督《かとく》）を継いで幕府に出仕《しゆっし》するようになる……こんな話は、江戸の町では珍しいことではなかった。

地方ではもっとゆるやかだったようで、佐渡《さど》奉行所の役人のなかには漁師出身の門番から士分《しぶん》に取り立てられた例があったことが、当時の役人の経歴記録に残っている。

佐渡は幕府の直轄地《ちょっかっち》であるから、たとえ地方の現地採用で、生涯を佐渡で終える身分ではあっても「直参《じきさん》（将軍直属の家臣）」だ。逆に江戸生まれの直参の子でありながら、医師になりたくて跡継《あとつ》ぎを断ったとか、絵師を目指して家を捨てたといった例もある。

また、女性にしても、町屋の娘が大奥勤めで将軍の目にとまって側室《そくしつ》となり、お世継ぎを産んだというような話がある。

これらの例を見ると、士農工商は順番がついているようだが、じつはただの職業区分にすぎない。出自《しゅつじ》の差が必ずしも身分差を生んでいたわけではなかった、ということがわかるだろう。

初対面の人へのタブー〝三脱の教え〟って？

暮らしを、粋《いき》で心地よいものにするために、江戸時代には「三脱《さんだつ》の教え」というものがあった。この三脱の教えを「江戸しぐさ」のひとつとして越川禮子氏が『商人道「江戸しぐさ」の知恵袋』（講談社）で紹介している。

1843年ごろの江戸の城下町

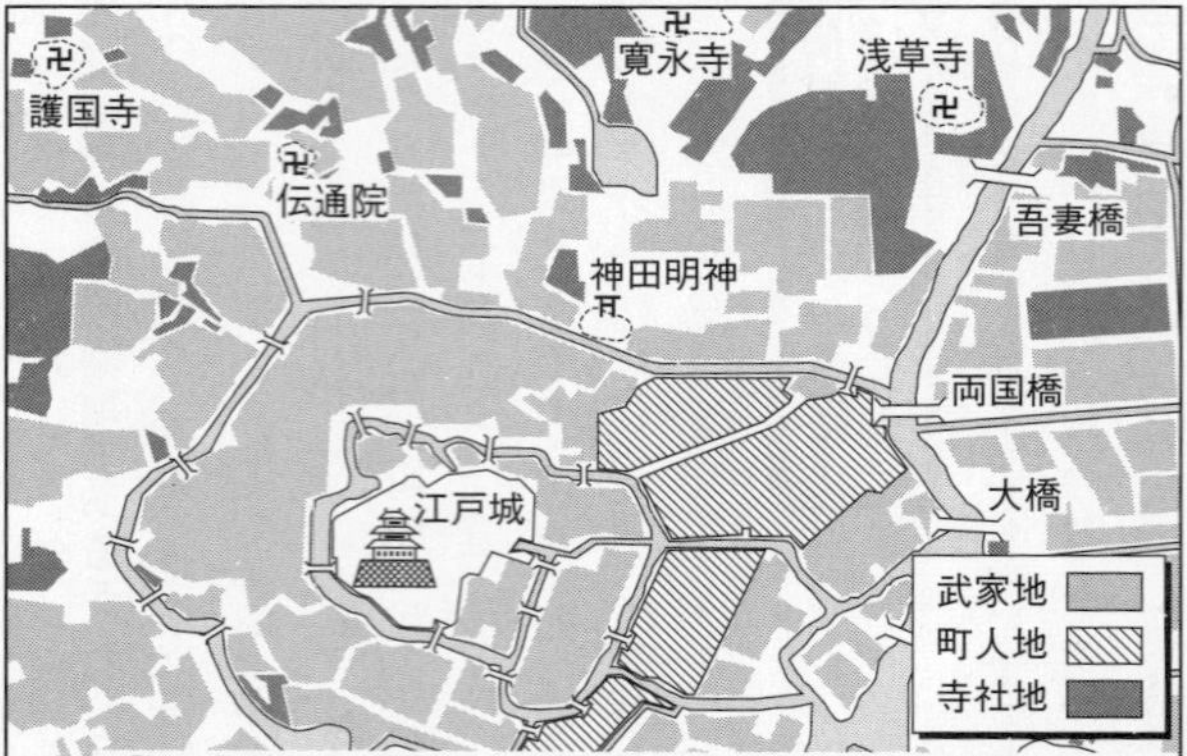

※『江戸古地図で見る池波正太郎の世界』(台東区教育委員会発行)を参考に作成

「三脱」とは三つのものにとらわれるなという意味だが、その三つとは「年齢・職業・地位」である。

江戸の町は将軍様のお膝元《ひざもと》ではあるが、武士といっても直参旗本もいれば、各藩邸勤務の藩士もいた。また、同じ藩士でも参勤交代で江戸滞在中の田舎武士もいた。町人にいたっては、生まれも育ちも職業も稼ぎの額も千差万別、いろいろな人がごちゃまぜになって暮らしていた。

いちおう、武家屋敷区域と町家区域とは分かれていて、生活テリトリーが異なるとはいえ、趣味の会や講《こう》などで同席することも少なくなかった。

そんなとき、はじめて顔を合わせた人に聞いてはいけないのが、この「年齢・

職業・地位」だった。また、名前は本名ではなく、互いに仮の名で呼び合うのが習わしだった。仮の名は、たとえば見た目やしぐさなどからつけた「綽名《あだな》」と呼ばれるもので、一種のニックネームである。

しかも、相手の綽名がわからない場合は、自分から何と呼ぶかを聞いてはいけない。すでに顔見知りのだれかが、その人の名を呼ぶのを待ってから、それを記憶するという具合だった。

こうした習慣は「士農工商」の身分にとらわれないつきあいをしている、ということを表すためのルールだった。もちろん、本名や素性《すじょう》がわかったとしても、つきあい方が変わるわけではなかっただろうが、あえて知ろうとしないのが江戸人の心意気だったのである。

江戸時代の庶民は「苗字」を名のれなかった?!

庶民が苗字《みょうじ》を持つことができるようになったのは、明治時代になってからだと思っている方が多いのではないだろうか。

じっさいには、江戸時代以前にも、庶民は苗字を持っていた。ただし、公《おおやけ》に名乗ることができなかったのである。そのため、江戸時代の「検地帳」や「年貢《ねんぐ》割付帳」といった公文書には、庶民に苗字はなく、名前だけが記されている。

では、公に名乗ることを許されていなかった江戸時代の庶民は、どんなときに苗字を使ったのだろうか。

日常生活では、それほど遠方へ出かける機会のなかった農民や商人は、名前だけあれば事足りた。仮に同名の人がいたとしても、「○○村の××さん」で、その人を特定できたのだ。商人なら、屋号《やごう》があったので、「○○屋の××さん」で区別できた。

庶民が苗字を使うのは、奉加帳《ほうがちょう》（寺院や神社の造営・修繕、経典《きようてん》の刊行、一般行事などの事業にたいし、金品などの寄進〈奉加〉を行なった人物の名称・品目・量数を記した帳面。寄進帳ともいう）に記名する場合や、墓石や供養等に記す場合などである。そのほか、俳諧《はいかい》などを詠《よ》む場合にも苗字を使っていた。

また、江戸中期には、苗字を名乗る権利をお金で買うことができた。本来、苗字を名乗ることができるのは、武家のみの特権だったが、藩の大名に献金することにより、町民や商人でも苗字を名乗る権利を得ることができたのだ。この権利は、献金額に応じて「一代限り」「永代」などに分かれていた。

女性が旅をするのはこんなにも大変だった！

江戸時代も中期になると、人々は名所見物や温泉、お伊勢参りなどで、さかんに旅に出た。

しかし、庶民が勝手に泊まりがけの旅に出ていいわけではなかった。町名主《まちなぬし》（22ページ参照）の許可書がなければ、関所《せきしょ》を通れないしきたりだったのだ。

とくに女性が旅に出るのは困難だった。なぜなら江戸時代には、女性は家を守ることが本分で、遠くに旅に出るなどとんでもないと考えられていたからである。

こうした風潮を表す言葉に「入《い》り鉄砲に出女《でおんな》」がある。つまり「江戸に鉄砲が入ること、江戸から女が出ること」が厳しく取り締まられたのだ。

庶民だけでなく、諸大名も同様だった。幕府は大名による謀反《むほん》を警戒し、大名の妻子を人質として江戸屋敷に住まわせていた。その妻子が江戸を脱出することは「人質がいなくなる」ということだ。そのため、関所で女性の出入りを厳重に取り締まったのである。

関所の通行規則が制度化されたのは、寛永《かんえい》二年（一六二五）、三代将軍徳川家光のときである。このときは、関所手形が必要な者は、女性とケガ人、不審者・死者であった。それが三年後には、旅をする者はみなそれぞれの身元保証人が申請し、幕府が許可した関所手形が不可欠だった。

とくに江戸から出る女性は、身分に関係なく、留守《る す》居《い》（藩の江戸屋敷にあって、幕府や大名との渉外や各種情報の収集などの任にあたる）が発行した「女手形」を持参しなければならなくなった。

この手形には、身分、身元、出発地、目的地、人数、乗り物の数、旅の目的などが細かく書かれ、発行者の署名捺印《なついん》がすべてそろっていなければならなかった。それらの条件を満たした女手形を持って、はじめて女性は江戸の外に出られたのである。

こうして旅立った女性たちの行き先は、江戸から近い名所見物や大師参りなどが多かったようだ。最初のころは、ひとり旅をすることはなかったが、江戸時代

女性が関所を通るには「女手形」が必要だった

も終わりごろになると、ひとり旅やふたり旅を楽しむようになっていった。

同じ宿への連泊が禁じられていた理由

旅をする庶民が利用する宿は二種類あった。ひとつは旅籠《はたご》と呼ばれる、朝夕の食事を用意してくれる宿である。東海道では、ひとつの宿場に平均して五五軒ぐらいの旅籠があったといわれている。

もうひとつが、木賃《きちん》宿である。こちらは、料金は旅籠よりもぐっと安く、旅籠の三分の一から一〇分の一の料金で泊まれたが、食事の用意のない素泊まり専用の宿だった。木賃宿に泊まる場合は、米などの食材を持参し、鍋《なべ》や七輪《しちりん》などを宿から借りて自炊した。

旅籠と木賃宿、どちらに泊まるのかは旅人の自由である。お金に余裕があるならば、毎日旅籠に泊まってもいい。しかし、どれだけお金に余裕があっても、同じ宿に連泊することは、原則として認められていなかった。なぜなら、宿とは「旅の途中に仕方なく宿泊する場所」と考えられており、夜が明ける午前四時ごろには目的地に向かって出発するのが一般的だったからである。

そのため、連泊するのは、急な病気にかかり歩けない場合ぐらいで、そのようなときは連泊することを届け出なくてはならなかった。もし届けも出さずに連泊すると、役人が宿までやってきて、手形などを出させて、怪しい人物ではないかを取り調べたのである。

ただし、連泊しても怪しまれない「例外」もあった。湯治客《とうじ》である。湯治の場合は、滞在日数は七日間が一般的だったので、連泊しても怪しまれることはなかった。また、七日間でも足りないときには、さらに七日間滞在してもよかった。湯治では、七日間を「一まわり」といって、滞在日数の基準にしたのである。

このような湯治が一般に行なわれるようになったのは江戸時代からで、江戸っ子には、熱海《あたみ》、箱根、那須《なす》、塩原、草津などが湯治場として人気があった。この地域なら、関所手形なしに、気軽に行くことができたからだった。

江戸の町には「門限」があったって?!

江戸っ子の夜は短い。なぜなら、門限があったため、夜遊びなどできなかったからだ。

江戸の町では、一町ごとに木戸が設けられていて、夜四つ（午後一〇時）になると、戸が閉められて出入りができなくなった。木戸のそばでは木戸番が見張っており、明け六つ（午前六時）までは木戸は開かなかったのである。

それは、夜鳴きそば屋であっても例外ではなかったため、彼らはどんなに遅くても、夜四つに間に合うように店じまいをしていた。

だが、もし何かの事情で門限に間に合わなかった場合には、木戸番に事情を話せばくぐり戸を開けてもらえたようだ。

ただし、そのさいは、次の木戸まで木戸番が一緒についてくるか、拍子木《ひょうしぎ》を鳴らされた。拍子木を鳴らすのは、いま、ここの木戸を通った者がいることを、次の木戸番に知らせるためである。このように、木戸番の警備は厳重に行なわれた。

では、なぜこのような門限が江戸の町につくられたのだろうか。

じつは、幕府が夜の町の行き来を禁止したのは、放火犯を警戒してのことだった。ひとたび火事になると、消火設備がととのっていなかった江戸時代では、火がまたたく間に広がってしまう。将軍のお膝元である江戸で、そのようなことが起こってはならない。そのため、門限をつくり、夜中に人が出歩くことができないようにしたのである。

興味深いのは、江戸の門限はもともと夜四つ（午後一〇時）ではなかったことだ。三代将軍家光の時代には門限は暁《あかつき》九つ（午前零《れい》時）だったが、その後、門限時刻が早まり夜四つに、さらには、夜五つ（午後八時）までになったという。時代が進むにつれて幕府の警戒心が強くなっていったことがうかがえる。

江戸の治安を守った「町役人システム」とは

江戸は、幕府が置かれたことで諸国から人が流入し、急成長をとげた都市だった。しかし、江戸の行政を司《つかさど》り、警察・司法業務を行なう町奉行所には限られた数の与力《よりき》・同心《どうしん》しかおらず、その少ない人数で、急に人口のふくれあがった町の治安を維持することは無理な相談だった。

そこで、その治安システムをカバーするために幕府がとった政策が「町人たちによる自治組織」で自衛させることだった。町人のなかから選んだ町年寄《まちどしより》三人を頂点にし、その下に町名主《まちなぬし》、家主を置いたピラミッド型管理システムをととのえたのである。この自治組織に入っている町人を「町役人《ちょうやくにん》」と呼んだ。

町役人の頂点にいる町年寄は、徳川家が江戸を領国としたころからゆかりの深い

町内の自治組織

町役人の筆頭。江戸では奈良屋、樽屋、喜多村の三家が世襲。それぞれ分担して政務を行なった

町年寄と同じく世襲。給金は町費でまかなわれた。人別帳作成、不動産登記、紛争調停などが職務

「大家」とも呼ばれる。家賃徴収だけでなく、各種届け出や夫婦げんか仲裁など、店子の世話をした

奈良屋・樽屋・喜多村の三つの商家が世襲《せしゅう》制でつとめた。町年寄は、町人ながら苗字帯刀《たいとう》が許され、正月には登城・将軍拝《はい》謁《えつ》ができるほど格が高く、町政全般を統括する立場だった。

　町年寄のひとつ下に位置する町名主も多くは世襲で、担当する町の町政の実務を担当した。奉行所が出す通達である町触れの伝達がおもな仕事で、ほかに人別《にんべつ》帳《ちょう》（戸籍簿）の作成・管理、不動産の登記といったことや、奉行所に上げるまでもない紛争の調停にもあたっていた。

　町数が九三三町あった正徳《しょうとく》三年（一七一三）ごろ、町名主の人数は二〇〇人弱だったという。このことから、ひとりでいくつかの町の町名主を兼《か》ねていたことがわかる。

町年寄を大店の主人が兼ねていたのにたいし、町名主は専業で、ほかに仕事を持たなかった。自宅を開放して町政を司《つかさど》っており、町費から手当が支払われていた。

また、全員が同格ではなく草創《くさわけ》、古町《こちょう》、平《ひら》、門前《もんぜん》という四つのランクに分けられていた。町役人のなかでいちばん下に位置する家主は、たいていは貸し家の管理者である大家がつとめていた。

窓口業務から悩み相談まで…大家さんの仕事は幅広い！

落語の八《はっ》つぁん・熊さんが登場する話につきものなのが大家さんである。ふたりを教え諭《さと》したりする役回りで、まるで親子のような会話が展開される。時代劇などでよく見かける光景だ。

では、じっさいのところ、大家とはどんな存在だったのだろうか。

江戸時代の大家は、公式名称で「家主」とも呼ばれた職業だったため、借家の所有者と誤解されがちだ。しかしじっさいは、八つぁん・熊さんの住む長屋の持ち主から、建物や住人の管理を任されている雇い人にすぎない。それなのに、親のように面倒を見ているのは、それだけ大家の仕事の守備範囲が広かったからだ。

貸し家の管理人だから、借り主である店子《たなこ》からの家賃徴収、賃貸借契約、建物の維持管理や修繕といった現代の不動産業のような仕事が中心なのは当然だが、前項で述べたように、大家には、幕府が定めた住民管理組織における、町奉行配下の町役人としての役割もあった。

その役目は、現在の地方自治体の窓口にあたるような仕事をすること。つまり、結婚や離婚、誕生や死亡、引っ越しといった「人別帳」にかかわる店子の状態をきちんと把握しておく義務があったのである。

さらには、隠居《いんきょ》・勘当《かんどう》といった家庭内の状況も理解していなければならなかった。旅行に出る店子が必要な通行手形発行を願い出るときも大家が取り次ぎをしたから、さしずめ現在でいう「パスポート申請窓口」でもあった。

また、町奉行から江戸町民へのお達しやお触《ふ》れを、文字を読めない者に読み聞かせ、内容がわからないというなら説明し、必要なら代筆までしてやって……という橋渡し役もつとめた。

このようなさまざまな仕事の過程で、店子のプライベートを深く知ることになり、グチを聞いたり相談に乗ったりする機会もふえる。そんな大家と店子の関係だったから「大家は親も同然」といわれるようになったのだ。

また、運悪く店子のなかから犯罪者が出ることもあった。その場合、大家の管理責任が問われ、罰金などの罰で連帯責任をとらされることがふつうだった。そんな目にあわないよう、大家はますます仕事に励んで店子のプライベートにかかわっていった。つまり、親以上に店子の面倒を見ることが、我が身を守る最大の策だったのである。

共同トイレの糞尿は大家さんの収入源だった?!

江戸の町は、ゴミや糞尿《ふんにょう》があふれることもなく、世界でも有数の清潔な都市であった。当時、西洋からやってきた人々は、江戸市内の街路がきわめて清潔なことに驚いている。

一〇〇万人もの人が住んでいた大都市の江戸が、驚くほど清潔だった理由のひとつには、人や家畜の排泄物《はいせつぶつ》をすべて集めて、肥料として農村で使っていたことがあげられる。

そもそも江戸の庶民が住んでいた裏長屋は、トイレや井戸は共同だった。だいたい一〇軒長屋には、ふたつの共同トイレが設置されており、総後架《そうこうか》（上方《かみがた》では雪隠《せっちん》）といった。じつは、ここにたまる屎尿《しにょう》は長屋の大家の持ちもので、大家はこれを近くの農家に売って代金を受け取るのが決まりになっていた。

この儲けはかなり大きい額で、長屋の持ち主からもらう管理人としての給料より多いほどだったというから、大家にとって糞尿売買はいい仕事であった。

『江戸時代にみる日本型環境保全の源流』（農山漁村文化協会）によると、幕末の江戸では一二軒長屋の屎尿が一年で五両になり、当時の米の値段は一両で一石《いっこく》（一五〇キログラム）前後だったから、屎尿代は米五石に相当したという。武家や町家も屎尿を売り、野菜などと交換していた。当時の農家にとって、人の糞尿がいかに価値ある商品であったかがわかる。

じっさい、糞尿による下肥《しもご》え（肥料）を使わなければ

汲み取り後の糞尿は大家が売買できた

ば、収穫は半減したといわれている。

大家さんたちで組織された「五人組」のしきたり

江戸の町は、自治組織が見事にととのえられており、江戸町政上で重要な役割をはたしていた。自治組織の中心的存在が「五人組」で、大家（家主《やぬし》・家守《いえもり》とも呼ばれていた）たちによって組織されていた。この五人組は、本来は地主たちが組織するものなのだが、彼らは大家たちに代理で組織させていた。

五人組は、ふだんは自身番屋という、町内に設けられた番所に当番制で詰め、町名主の代役として、町内のさまざまな政務を行なった。これを月行事《つきぎようじ》（「がちぎょうじ」とも読む）といった。五人のなかで毎月月番を決め、月番に当たった者が政務をとるからである。

具体的には、町名主からのお触れを町内に伝達すること、訴訟や届け出に判を押すこと、検使や見分の立ち会い、罪人や囚人の預かり、火消し人足の差配、町内道路の修繕、火の番、夜回りなどで、町内のあらゆる用務をこなした。

この月行事を行なう五人組は、大きな権力を持ち、事実上の名主といってもいいほどの存在であった。そのため五人組になりたがって、家主の権利を株のように売買する者も現れた。

また、組合員たる五人は連帯責任であった。結婚、養子、遺言、相続などには立ち会い、組合員が幼い場合は後見人にもなった。そのため組合員は親類のように結びつきが強固になっていった。

日常茶飯事だった「勘当」の仕組みとは

口論《こうろん》の末、「お前は勘当だ！」などといっても、現実には親子の縁など切れるはずがないというのが現代人の感覚。ところが、江戸時代には勘当がひんぱんに行なわれ、しかも勘当したことを証明するための法的整備までなされていた。

その証明になったのが「人別帳」からの抹消《まっしょう》である。人別帳は町内に設けられていた住民組織の代表者や世話役の町役人が、町内をもらさず調べて作成し、控えを町内で保管し、元帳は町奉行所におさめられていた。

では、息子を勘当したい親はどのような手続きをふむのだろうか。まず、自分と、町役人をはじめとした町内組織の代表者である名主たち全員が署名捺印した「勘当届」を持って、全員で町奉行所に出向き、勘当願いとして提出する。

奉行所がこれを審査して「帳外の扱い」を承諾すれば、息子の名が人別帳から外される。親子関係を記した人別帳に名前がないことで、勘当が証明できる。

このように勘当についての法整備がされていたのは、江戸時代の刑罰が連座制だったからだ。素行《そこう》のよくない息子が重罪を犯したとき、親兄弟や一族にまで罪が及んだ。それを避けるため縁を切っておく必要があったのである。その縁切りが勘当だった。

また勘当されそうな人間がいる家は、町役人が名主に報告し、名主は人別帳のその人物の箇所に目印の札をつけておいて、人別帳から削除するときにすぐに外せるよう目印にしていた。

ここから生まれ、いまでも使われている表現が、「札つきのワル」という言葉なのである。

奉行所の審査が通れば「勘当」が成立した

人生を管理するお寺の「檀家制度」って？

江戸時代には「檀家《だんか》制度」と呼ばれる制度があり、江戸の住民は、必ずどこかの寺に檀家として登録されていなければならなかった。この登録に使った台帳が「宗《しゅう》旨《し》人別帳」（「宗門人別帳」とも）である。これには名前・年齢・家族構成などが家ごとに記されていた。

この宗旨人別帳は、もともとキリシタン取り締まりのためにつくられた。日本人ならだれでも壇那《だんな》寺を持って仏教徒にならなければいけないという趣旨から、万治《まんじ》三年（一六六〇）に幕府が寺に名簿作成を求めたのがはじまりである。そのような経緯があったため、宗旨人別帳に登録されているということは、「キリスト教徒ではない」という証しでもあった。

いっぽう、寺は身分証明の証しとして、「寺請証文《てらうけしょうもん》」と呼ばれるものを発行した。この寺請証文は、たとえば旅に出かけるとき、通行手形と一緒に見せる必要があったし、婚姻《こんいん》や引っ越しの場合にも必要だった。江戸時代において、寺は人々を管理する立場にあったのである。

また、人が亡くなったとき、家主を通じて届け出が出される場所も寺だった。死者は宗旨人別帳からはずされ、別に「鬼籍《きせき》」という亡くなった人だけの名簿がつくられた。死ぬことを「鬼籍に入る」という表現は、ここから生まれたものだ。

そして、亡くなった人の葬式も寺が引き受けた。この葬儀代が寺の収入になるのだから、宗旨人別帳の管理を任されることは、寺にとっても悪いことではなかったのである。じっさい、江戸時代の寺の収入源といえば、この葬式の収入が大部分を占めていた。

ただ、これは逆にいえば、葬式の収入しかなかったと見ることもできる。そのため経営の苦しい寺もあった。そのような寺はどうやってお金を工面《くめん》したのか。じつは、こっそりと賭場《とば》を開いたのである。

その賭場でのいちばんの目的は、足りない収入を補うことであるが、賭場の用心棒に雇い入れた無宿人が真面目に社会復帰を望めば、その手助けもしていた。寺が仕事斡旋所《あっせんじょ》である口入《くちい》れ屋を紹介したのである。仕事をして、住む長屋も見つかれば人別帳への登録が可能になった。

江戸時代の寺は、政治に組みこまれてはいたが、信仰心を人心管理に利用していた古代とは立場がちがっていた。寺が生活により密着したものになり、法会《ほうえ》や縁日で人を集め、寄進を受けて寺は発展していった。人別帳を通して町民と寺は持ちつ持たれつの関係だったようである。

外国人が教養の高さに驚いた、寺子屋のしきたり

江戸時代には多くの西洋人が来日したが、彼らが一様に驚いたのが、日本人の知性の高さである。文久《ぶんきゅう》三年（一八六三）に条約締結のため来日したスイスのアンベールは、日本の男女の多くが読み書き・算術（そろばん）ができる知力を持っていることに感嘆している。

江戸庶民の知力の高さには、当時の学校である寺子屋が大きく貢献している。寺子屋は、中世の寺での教育がはじまりといわれ、江戸中期以降にその数が急激に増加し、多くの子どもが就学していた。

子どもたちが寺子屋に通ったのは、生活に「読み書きそろばん」が欠かせなかったからだ。幕府の文書主義により、お上《かみ》から庶民への通達は、高札《こうさつ》という辻に立てられる文書であったので、これが読めないと困ったのである。

さらに、訴訟も関所の通行手形も文書でなければ受けつけられなかった。また、

商工業が発達して、貨幣《かへい》が出回ると計算能力も必要になった。さらに大衆向けに浮世草子《うきよぞうし》などの娯楽本が種々出版されたが、字が読めないと、それを楽しむこともできなかった。つまり、庶民といえども、「読み書きそろばん」ができなければ、日々の生活に支障をきたしたのだ。

そのため、急激に寺子屋がふえ、一時期、江戸の町の就学率は七〇パーセント以上にも達していたという。では、その寺子屋はどんなふうに子どもに学ばせていたのだろうか。

寺子屋の多くは、寺院・神社や自宅を教室として開放していた。先生は「師匠」と呼ばれ、近隣の僧侶、神官、医者、武士、浪人、商家のご隠居などがその役をつとめた。入退学は自由で、だれでも通うことができた。入学金や授業料もとくに規定はなく、お金の代わりに米や野菜を納めてもよかった。

おおよそ六～一四歳の子どもが対象で、「読み書きそろばん」のほかに、農民の子には農作物の栽培法、商家の子には売買の記帳をする大福帳《だいふくちょう》の書き方、さらに歴史、地理、理科なども教えた。

授業は、かなり自由な雰囲気で行なわれていたようだ。子どもたちの机の向きや座る席はバラバラ。なかには師匠とじゃれ合ったり、寝そべったりする子もいた。

死に、身分は関係なし…お葬式のしきたり

人は生まれてから死ぬまでのあいだに、いくつもの通過儀礼を経験する。そのなかでも人生最後の通過儀礼となるのが葬式である。現代と同じように、江戸時代でも人が亡くなったときは、その死を悼《いた》み、葬式が行なわれた。

その葬式の内容は現代とほとんど変わらない。人が亡くなると、まず通夜《つや》を行なった。通夜では、親族や親しかった人々が亡くなった人と一夜を共にすごした。

そのときの遺体は、釈迦《しゃか》の入滅《にゅうめつ》にならって頭を北向きに寝かせた。さらに遺体の胸には、遺体に悪霊が入りこまないようにするための魔除《まよ》けの刃物を置いた。

そして翌日、死に装束《しょうぞく》ができると、遺体を湯で洗って清めてから着替えさせ、納棺する。この時代に使われた棺

遺体を座らせた形で
棺に納めていた

は、「座棺《ざかん》」といって遺体を座らせた形で納めるタイプだ。桶《おけ》のような形の座棺は、「早桶」と呼ばれて身分の低い者に使われた。

葬儀で僧が読経《どきょう》を終えたあと、この棺を駕籠かきのようにぶら下げて墓まで運び、埋葬した。たいていが土葬だったという点が、火葬が一般的な現代の埋葬とは異なっている。

埋めた上に墓標《ぼひょう》を立ててもらえるのは恵まれた経済状態の人の場合で、多くは埋めた上に土まんじゅうを盛り上げ、卒塔婆《そとば》を立てただけの墓になった。

このような江戸時代の葬式のしきたりは、身分の高い武家の者が亡くなった場合でも変わらない。通夜や葬儀の飾りつけが豪華になったり、読経する僧侶の人数が多くなったりしたが、基本は同じだった。

棺にかんしても、身分の高い者はいったん遺体を大瓶《おおかめ》に納めてから、箱形のものに納めるという丁寧な順序がとられたが、座棺であることに変わりはなかった。

「死」という人間の厳粛《げんしゅく》な場面においては、士農工商の身分差はあっても、弔《とむら》いのしきたりに差はなかったのである。

二章

江戸の近所づきあいの巧みさ

◆いつでもどこでも、和気あいあい！

相手を訪ねるときは、まず手紙で知らせる

江戸時代の人の「時間の観念」はどうなっていたのだろうか。じつは、時刻は「日の出」と「日の入《い》り」をもとに決めていた。

夜明け時刻を明け六《む》つ、日暮れ時刻を夕六つとして昼間を六等分し、時間経過とともに五つ、四つと逆に数え、四つまでさかのぼったら、三つとはせず九つに戻って、八つ、七つ、六つと呼んだ。少し面倒ではあるが、陰陽道《おんみようどう》にきちんともとづいている。

そのひとつの間隔を「一時《ひととき》」（「いっとき」とも）としたが、日照時間の長い夏の一時は現在の時間では二時間を超え、冬には一時間半くらいしかないというズレが出ていた。

いっぽうで一日を単純に一二等分して十二支をあてはめ、真夜中の子《ね》の刻《こく》からはじめて、真昼が午《うま》の刻になるような数え方もあった。こちらでも子の刻から丑《うし》の刻までのような一間隔を一時と呼んだが、これは夏冬問わず現在の二時間分にあたる。

なお「一刻《いっこく》」は、一時の四分の一。現在の約三〇分にあたる。

江戸時代の方位と時刻表

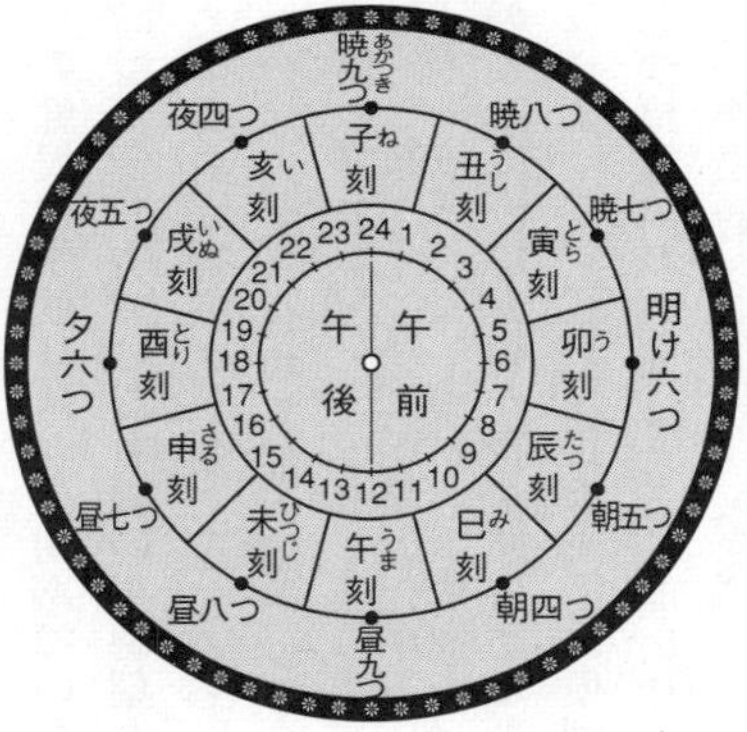

※江戸時代の時間には太陽の動きを基準とした不定時法が採用されていた

季節によって変わる複雑な時間サイクルで暮らしていた江戸の人たち、とくに武士や町人を相手に店で商いをしたり、納品や集金といった取引をしたりする商人にとって、時刻を守って間違えないこと、時間どおりに行動することは最優先事項だった。

そのため、商人を急に訪ねたりするのは相手の都合を考えない「時間泥棒」といわれた。必ず事前に相手に使いを出して書状を送り、いまでいうアポイントをとっておくことが、江戸で暮らす人に必要な行動指針であった。

さらに、相手の都合を考え、時間泥棒をしないことは商人に限ったことでなく、生活の粋《いき》を忘れない江戸での人づきあいのポイントでもあった。

時間を知るにも、お金が必要だった?!

江戸の庶民の生活リズムを刻んでいたのが「刻の鐘」だ。戦国時代にヨーロッパから時計が伝わっていたものの、時刻というものにたいする庶民の認識はあいまいだった。それが徹底されることになったのは、寛永《かんえい》三年（一六二六）に、日本橋の石町《こくちょう》で、江戸ではじめて刻の鐘がつかれてからだといわれている。

日本橋の鐘をきっかけに、上野、浅草、市谷八幡《いちがやはちまん》、芝切通《しばきりどおし》、本所横川《ほんじょよこかわ》、目黒不動、赤坂田町、四谷《よつや》など、江戸の町域の広がりとともに刻の鐘が設置されていき、江戸の町のどこにいても鐘の音が聞こえるようになっていった。

これによって、江戸住民の生活は便利になったが、その便利さはタダではなかった。じつは鐘の音の聞こえる範囲に住む者は、「鐘役銭《かねやくせん》」という鐘の音利用料のようなものを徴収《ちょうしゅう》されたのである。

その料金は、家一軒につき永楽銭《えいらくせん》（江戸時代初期まで流通していた基本貨幣《かへい》）で一か月一文、びた銭（品質が劣悪な通貨）なら四文だった。料金の徴収対象は地域によって異なったが、町人から徴収しただけでなく、武家からも禄高《ろくだか》に応じて徴収したところもあった。

上野の鐘もその部類で、上野山下八町四方の町屋、武家、大名屋敷などから徴収していた。そこには前田家、藤堂家、佐竹家、酒井家などそうそうたる顔ぶれの大名がいたから、鐘役銭の額もかなりのものになっていたにちがいない。

また、江戸の刻の鐘は打ち方に特徴があった。最初に三つ、捨て鐘をついたのである。だから明け六つを知らせるには、全部で九回ついたわけで、ゴォ〜ンという響きを九つ数えてようやく時刻がわかるというのんびりしたものだった。

快適に過ごすための「銭湯」の奇妙なルールとは

江戸では水は貴重だったし、燃料の薪《まき》代も馬鹿にならなかったので、庶民や下級武士は自宅に風呂を持っていなかった。豪商であっても、江戸の町で火事を出すことはご法度《はっと》だったので、火元になることを恐れて家風呂は人気がなかった。そのため、人々は毎日、「湯屋《ゆや》」と呼ばれた銭湯に通っていた。

湯屋は、江戸庶民の社交場だった。人々は体を洗いながら周りの人と会話をし、情報収集した。そして、大勢の人が集まる湯屋には、みんなが嫌な思いをせずにすごせるよう、おのずと生まれたルールがあった。

まず、そのひとつに「声をかける」ことがあげられる。これはざくろ口をくぐるときに「冷物《ひえもん》でござい」などと、自分が入っていくことを声に出して告げながら入るルールである。

ざくろ口とは洗い場から湯槽《ゆぶね》に移るさいに通る入り口のことで、洗い場と湯槽のあいだは、湯が広く空気に触れるのを防ぐために、上部が板壁で区切られていた。また、湯槽部分には窓がなく、あってもごく小さなもので暗かった。湯気が立ちこめているから、なおさらどこに人がいるのか見当がつかず、ぶつかってしまうこともあった。

つまり、このかけ声は「冷たい体だから、もし間違ってぶつかったらごめんなさい」と先に詫《わ》びておく言葉だったのである。ほかにも、江戸の湯屋に不慣れだから、ぶつかっても許してほしいという詫び方の「田舎者でござい」という表現もあったようだ。

江戸の人々はこうして湯に入って体が温まると、洗い場に出てきて体を洗った。体を洗ってから湯につかる現代とは逆である。

その洗い場でも、年長者は奥まった場所、若者は入り口近くと席次が決まっていた。湯槽に近い奥のほうが温かく、また、その場所は天井からのしずくが落ちにくいからだった。

このように、銭湯における年長者の地位というのは絶対的だった。ほかにも、湯槽の湯が熱すぎると感じて水を足したい、というようなときでも、年長者がちょうどいい湯かげんだといえば我慢して湯につかるしかなかった。

また江戸の湯屋では、先に湯につかってから体を洗うため、湯槽の湯がかなり汚れていた。そこで最後に「陸湯《おかゆ》」という流し湯を別の湯槽から汲《く》んで体にかけて入浴を終えていた。

湯温が熱すぎて湯槽につかれず、長老に声をかけられない若者は、この陸湯だけで入浴を終えたという。

湯屋でのなんでもないしきたりだが、年長者を敬《うやま》うと

洗い場の席次をはじめ多くの決まりがあった

いう江戸のルールは、こんなところにも見ることができる。

銭湯の二階は、男たちの社交場だった

湯屋は、江戸時代初期には蒸し風呂だったが、しだいに湯槽につかるような形になった。また、男女混浴の場合が多く、男性はふんどし、女性は湯文字《ゆもじ》（下帯）をつけて入浴した。

幕府は風紀上、混浴はよくないとして、浴槽を男女別々に分けるようにと混浴禁止令を発したが、男女別の浴槽をつくるとなると水と燃料が余計に必要になるため、なかなか幕府の思いどおりにはいかなかった。

その後、ひとつの浴槽をふたつに区切るという方法も取られたが、区切ってあるのは、あくまで上のほうだけで、湯に潜《もぐ》れば自由に行き来できたため、あまり意味をなさなかったようである。

また、江戸っ子が湯屋に通ったのは風呂に入ることだけが目的ではなかった。湯屋の二階には、畳敷きの大きな広間があって休み処《どころ》となっており、そこに上がるのも湯屋に通う目的のひとつだったのである。

二階に上がるには、入湯料とだいたい同額の料金を払わなければならなかったが、二階には碁《ご》や将棋が置いてあり、自由に使うことができた。読み物も置いてあったので、目当てのものを読むこともできた。

江戸の男たちはここで親しい知人と雑談したり、ゆっくり昼寝をしたりと、くつろいですごしたのである。彼らは毎日ここに集まったため、湯屋の二階は、いわば江戸の男たちの社交場だったといえる。

江戸時代に存在した、たばこの㊙マナー

江戸時代に外国から日本に入ってきたもののひとつにたばこがある。たばこは、江戸時代初期にポルトガルからもたらされると、またたく間に全国に広まった。

当時のたばこは刻《きざ》みたばこであり、煙管《キセル》に詰めて吸っていた。この煙管が長くて持ち歩けなかったため、たばこといえば家のなかで吸うのが常識だった。

また、訪れた家のたばこを吸ってもよいという習慣が江戸にはあった。どこの家も煙管とたばこ盆が用意されていて、客人には煙管に刻みたばこを詰め、たばこ盆に載《の》せてすすめるのが一般的だったのだ。

ところが、ここで「そんなにすすめていただくのなら、遠慮なく」といって、たばこをすぐに吸ってしまうのはマナー違反。客は、「まず、ご主人からお吸いください」と遠慮するのが決まりだったからだ。

それでも、主人は客にたばこをすすめる。このように、客人は主人に、「どうぞ」と二、三度すすめられてはじめてたばこを吸うのがしきたりだった。

客は、たばこを吸ったら、必ずそのたばこの味をほめる。たとえ自分の好みに合わなくても、「よいお味ですね」というのである。一服、二服吸ったら、たばこは自分の前に置いておく。

そして、主人と雑談し、いざ暇《いとま》を告げるときには、持参した懐紙《ふところがみ》で、煙管をよくふき、たばこ盆に載せてから帰った。

このとき、主人のほうは、「どうぞ、そのままにしておいてください」と決まって声をかけるのだった。この一連の動作は、「請取渡《うけとりわたし》の礼」と呼ばれるたばこの作

愛煙家の作法のひとつだった「請取渡の礼」

法のひとつであった。

ただし、このように訪れた家でたばこのもてなしを受けるのは、主人が同年輩か目下の者に限られていた。逆に、主人が目上の者や親方ならば、どんなにたばこをすすめられても、「私は、たばこはたしなまないのです」といって断るのがマナーとされた。こうした礼儀は、どんな荒くれ者でもきちんと守っていたという。

夜道を照らすだけではなかった「提灯」の知恵

いまのような街灯のなかった江戸の町は、夜間に無灯火《むとうか》で出歩くことは禁じられていた。だからといって、どこの家でも提灯《ちょうちん》が備えてあったかというと、そこまで徹底していたわけではない。提灯はかなりの値段がしたからである。

提灯づくりは手がこんでいた。まず竹ひごを組んで形をととのえたものに和紙を貼《は》って、火袋《ひぶくろ》の部分をつくるのが最初の作業。それに、別につくった口輪《くちわ》をはめて、火袋の部分に客の注文に応じて文字や家紋を墨で描き、その上から全体に桐油《とうゆ》を塗って仕上げた。

このうち、和紙を貼るところまでが下請けの職人仕事で、提灯屋が仕上げ作業を行なった。このように手間のかかる仕事ばかりだったため、値が張ったのもやむをえなかったのだろう。

おまけに中で灯《とも》すろうそくも高価だったから、提灯屋の客はもっぱら裕福な武家と商家が中心だった。

とくに商家は、提灯に紋や店名を入れて夜道を行くだけで宣伝効果が得られたし、知り合いの店主が向こうからくるのがわかれば、すぐに挨拶できたので重宝した。料理屋が屋号を入れた提灯をかざして酔客《すいきゃく》を送れば、それもまた広告となった。

また、武家は家紋を入れておけば、武士だということが遠くからでもわかり、すれちがう夜鳴きそば屋に道を譲ってもらえたりした。

提灯に別の用途があるとわかると、提灯に入れる文字に工夫が凝《こ》らされるようになる。「今晩」と書き入れてもらえば、提灯をさげているだけで挨拶がわりになったし、「一寸用足《ちょっとようた》し」などと書いてあれば、いま何をしているかが相手にわかった

提灯は〝挨拶代わり〟にも使われていた

ので、遊び心がこめられたものもふえていった。

高価な提灯でこんな芸当ができるのは、恵まれた経済状態の人に限られていたが、もともと長屋の住人などは夜に出歩くことなどめったになかったから、提灯がなくても困らなかったようだ。

「熨斗紙」の習慣は、江戸時代に始まる!

お祝い事の贈り物の包装に、心をこめたものであることを表すためにつけるのが熨斗《のし》。現代では水引《みずひき》とともに熨斗の形を印刷した紙も登場していて、贈り物の箱にかけられることが多い。この熨斗の習慣がはじまったのが江戸時代である。

そもそも、なぜ熨斗を贈り物につけるのだろうか。じつは、アワビが古代から高貴な生鮮品としてあつかわれてきたことに関係している。

平安時代には祭祀《さいし》のときの神への供物に、必ずアワビが加えられるようになり、鎌倉時代になると、貴族や武家のあいだでの祝い事のさいに、贈り物に生のアワビを添えるという習慣が定着した。

ところが生アワビは傷《いた》みやすい。そこで江戸時代になると、日持ちをよくしたアワビで代用するようになった。アワビを大根料理のかつら剥《む》きの要領で薄切りにしてから「火熨斗《ひのし》」という炭火を入れた鉄製の道具を使って乾燥させたのである。この薄切りにして乾燥させたアワビのことを「熨斗あわび」という。

これがさらに簡略化されて、現在の紙細工製の熨斗が誕生する。熨斗あわびに見立てた黄色い紙を短冊状に切って、縁起のよい紅白の紙で、丁寧に折りたたむように包んだのだった。それもしだいに小さくなって、慶事の進物品の右上に貼ることで、真心を示す印として定着したのである。

子どものケンカにも「作法」があった!

江戸の親たちは、どんなに子だくさんでも、しつけを怠《おこた》ることはなかった。しつけといっても、「行儀よくしなさい」などというような、「ああしろ、こうしろ」という口やかましいしつけではなく、大人になって社会生活をするのに必要な知恵が、自然と身につくような導き方に特徴があった。

たとえば、ケンカにもその特徴が見てとれた。大人の世界にも、意見の対立や意地の張り合いからケンカになることがあるとわかっていたから、そのとき大事にならないよう幼いときからケンカ作法を体得させていたのである。

具体的なケンカの作法を、越川禮子氏が『商人道「江戸しぐさ」の知恵袋』（講談社）で次のように紹介している。

①自分が怒りを覚えていることを相手にわからせて「ケンカも辞さないぞ」という意思を相手に伝える、②じっさいにケンカになっても肩から上は殴らない、③どちらかが倒れる前にだれかが仲裁に入ってケンカの決着はつけさせない、というものだ。

①の相手にわからせる方法とは、こぶしを握り締めて息を吹きかけ、殴るぞという身ぶりをすることだ。②は、頭部には脳があるし、顔はその人の看板だから、殴ってダメージを与えないのが思いやりという意味がある。③は、決着がついてしまうと負けたほうにわだかまりが残って、そのあと憎み合う原因をつくりかねないから、仲裁で終わらせておくという大人の知恵である。

こうしたケンカの作法さえ心得ておけば、ケンカ相手とは逆に仲のいい友人でいられることも多かった。また、大人になればケンカの内容はもっと激しいものになるものだが、それでも凶器を使わない、相手の悪口をいわない、などのルールがあった。

迷子が出たら、どのように探していた？

江戸時代中期になると、争乱のない世が続いて文化が爛熟《らんじゅく》。江戸の人々には生活を楽しむ余裕が生まれていた。見世物小屋のならぶ両国、芝居見物の浅草、名のある寺社の祭礼など、遊興地は多くの人出でにぎわった。そんな場所につきものだったのが迷子《まいご》である。

当時の警察である町奉行所は、犯罪捜査に手いっぱいで、迷子にまで手が回らなかった。そこで、町の人々は自衛策をとった。子どもに迷子札《ふだ》をつけさせたのだ。木札に名前・年齢・住所などを書いて紐《ひも》をつけ、子どもの首からぶらさげておく。これなら見つけた人に、どこの家の子なのかがすぐにわかる。

しかし運悪く迷子札のない子だったときは、見つけた人がその子の背格好、着ているものなどを紙に書いて、迷子石に貼っておいた。迷子石とは迷子を親元に帰すための伝言板的役割を持っていた縦長の石柱のことである。

この石柱には迷子を見つけた人だけでなく、子どもが迷子になった親も、子どもの人相や着物のほか、ホクロや傷といった特徴、クセなどを書いて貼った。

迷子石はいっぽうの面は「しらする方」と迷子を見つけた人用、もういっぽうの面は「たづぬる方」と迷子を探す人用に区別してあった。

迷子を出した親は迷子石に自分の子の特徴を記した紙を貼るいっぽうで、その裏側に貼られた紙を見て、自分の子のことが書かれていないか調べたのである。

この迷子石の誕生は、八代将軍吉宗の時代に「掛札《かけふだ》場《ば》」という迷子や身元不明の行き倒れを知らせる、いわば伝言板のようなものがつくられたことがきっかけになっている。この掛札場の掲示期間が七日間しかなかったため、期限のない掲示ができるものが必要だと、町の篤志家《とくしか》が迷子石を設けたのだ。

迷子石が立てられる場所は、人通りの多い橋のたもと、寺社の境内など人目につきやすい所が選ばれた。掲示は見つかるまではがされることがなく、迷子を出した家は新しい貼り紙がないか、毎日のように迷子石

「伝言板」の役割をはたしていた迷子石

に通った。

いっぽう、迷子になった子どもは、見つかった町で保護され、親が迷子石を見て現れるのを待った。しかし、現れない場合も少なくなかった。そんなときは、次項で紹介する「捨て子」としてあつかわれた。

捨て子は町内で責任をもって養育する

江戸時代には、「捨て子」は珍しいことではなかった。その原因をつくる要素が江戸の町には多かったからである。

性意識がおおらかだったため未婚の奉公人女性の出産が少なくなかったし、夫に先立たれて路頭に迷った若妻や、逆に妻に死なれた一人暮らしの夫、〝江戸の華《はな》〟といわれた火事で住まいも仕事も失った夫婦など、数えあげればキリがない。

しかし、捨て子のための救済の道も設けられていた。それが「捨て子があった場合は、見つかった場所の町内が責任をもって養育にあたる」というものだった。

捨て子が発見されたら、まず町の世話役が町奉行所に届け出をする。すると、「先に届けた捨て子は幕府からの預かりものとして大切に育て、大病をしたときなどは報告する」という請書《うけしょ》を提出させられ、町内に養育の義務が課せられるのである。

この義務は捨て子が一〇歳になるまで続いた。そのあいだにも里親を探し、もし見つかれば里親希望者の「責任をもって育て、行く末は養子にする」などと記した念書に、捨て子養育の義務を負《お》う町役人が共同署名して、あらためて奉行所に届け出た。

幼児の死亡が多かった時代だから、我が子を亡くしたばかりの夫婦などが養子を望むことは多かった。そのため養子縁組の手続きは面倒でも、成立率は高かったようだ。

こうした制度は、貞享《じょうきょう》二年（一六八五）に発令された「生類《しょうるい》憐《あわれ》みの令」から生まれた。この条例は並はずれた動物愛護で知られているが、動物だけでなく、捨て子も大事にするよう定められていたのだ。そして、条令が廃止になった後も、慈善《じぜん》性が高いとして捨て子にかんする部分だけは適用され続けたのである。

このように、江戸時代には捨て子があっても立派に育てあげるという福祉システムがととのっていた。ただし、こうしたシステムの充実が捨て子の増加につながっていたという側面も否定できない。手放しで喜べる制度というわけではけっしてなかったようだ。

ツケも借金も清算するのが、旅に出るときの作法

江戸から旅に出るには、関所を通るための通行手形を取得しなければならなかった。しかし、そういった面倒な手続きをしてでも、人々は好んで旅に出た。

旅に出る人たちが旅立ち前の習慣として行なったのが、挨拶回りだ。長く家をあけるのだから、隣近所はもちろんのこと、親類縁者、友人知人のところ、さらに商売をしていればその商売相手を回った。これは、長旅のあいだに何が起こるかわからないから、永遠の別れになってもいいようにという挨拶の意味もあった。

いっぽう、挨拶に来られた相手は、旅に出ると聞けば、どんな貧乏暮らしのなかからでも必ず餞別《せんべつ》を送った。その額はつきあいの程度によってさまざまだが、みんなの分を合わせるとかなりの額になった。

そして、餞別をもらった相手には、旅のおみやげを買ってくるのを忘れてはいけなかった。それが江戸の町や村における人づきあいの基本だったのである。

また、万が一にも戻ってこられなかったときのことを考えて、ためこんだ家賃やあちこちにあるツケ、借金はすべて清算して旅立つのがしきたりだった。

三章

◆上手な人づきあいの秘訣！

江戸の身だしなみの作法

髪形にこだわるのが江戸の男の〝基本〟だった！

江戸の町人はきれい好きで、身だしなみにとても気を配っていた。

たとえば、江戸っ子は風呂好きで、大きな通りには必ず湯屋があり、昼でも銭湯に入っていた。体臭や口臭《こうしゅう》に気を使い、襟足《えりあし》の汚れや鬢《びん》（頭の左右側面の髪）のほつれも嫌った。ひげも毎日剃《そ》り、無精《ぶしょう》ひげは敬遠された。髪形にもひじょうにこだわり、月代《さかやき》をいつもきれいに剃りあげようと、足しげく髪結床《かみゆいどこ》に通った。

月代とは、前頭部から頭の中央にかけて髪を剃り落とした部分のこと。戦国時代に武士が兜《かぶと》をつけたとき、頭が蒸《む》れるのを防ぐために髪を剃ったことからはじまったといわれている。

町人が月代を剃ることを習慣とするようになったのは、江戸時代の初期からである。江戸っ子は、月代をどこまで剃りあげるか、どれくらいの幅でどういう形に剃るかなどにも、ひじょうにこだわった。

そんななか、江戸時代を通してもっとも多く結《ゆ》われた男性の髪形が、銀杏髷《いちょうまげ》である。よく「ちょんまげ」というのは、この髪形を指す。銀杏髷は月代が狭く髷が長

男性の髷の種類

い。いっぽう、月代を極端に広く剃り、髷を細く高く結い上げるのを本多髷《ほんだまげ》と呼び、粋《いき》な商家の若旦那《わかだんな》が好んでこれを結った。

こうして、自分のお気に入りの髪形にしたとしても、月代は剃りあげたら、マメに手入れをしなければ、すぐに伸びてしまう。武士、町人とも、月代が伸びたままで見苦しいのは、無粋《ぶすい》とされ、嫌われ者だった。

伸び放題なのは浪人か病人だけで、つねに月代をきれいに剃りあげておくのが、江戸っ子の粋な作法だったのである。

髪結床は湯屋に付設しているものもあって、湯に入ったあとに立ち寄る町人で繁盛した。店は土間で、客は通りに向いて腰掛ける。はじめに水で濡《ぬ》らした月代を剃り、次に髪を解き、顔を剃ってから髷を結う。代金は一六文から二八文くらいであった。

江戸中期ごろからは、道具箱を持って家々を回る出張専門の髪結も登場した。これを「回り髪結」といい、利用するのは商家の大店《おおだな》の主人や番頭が多かった。月代が伸びたままなのは恥とされたので、なかには毎日のように、回り髪結を呼ぶ主人もいたほどである。

年齢や時代によってひんぱんに変化した女性の髪形

古来ずっと髪を垂《た》らしていた女性は、江戸時代に入ると髪を結い上げるようになった。それが髷《まげ》と呼ばれた髪形である。

男性も幼児期、少年期、成人（元服《げんぶく》）後と髪形を変えていくが、女性の場合はもっとひんぱんに変化した。また、年齢のほかにも、流行や環境によって髷の形は変わっていった。

ではじっさいに、江戸時代の女性の髪形にはどのようなものがあったのだろうか。

江戸の女性の髪形は、基本的に年齢と共に変化していく。最初の髪形は、幼児期

女性の髷の種類

の坊主頭である。これは男性も同じだ。

　次に三歳で髪置きの儀式をへて、髪を伸ばしはじめるが、幼いあいだは芥子坊主《けしぼうず》、奴頭《やっこあたま》などと呼ばれる男女共通の髪形をしていたため、男女の区別がつきにくかった。

　一〇～一二歳の少女期に入ると桃割れという髪形に結って、はじめて女性特有の髪形になる。

　一五～一六歳くらいになると、「髪上げ」という女性の成年式にあたる儀礼で島田髷《しまだまげ》を結う。別名が「娘島田」。同じ島田髷であり、婚礼当日だけ結う「文金《ぶんきん》高島田」は、現在でも和装の花嫁のかつらに使われる髪形だ。

　この文金高島田で婚礼をあげ、既婚者

になると、今度は丸髷になる。しかもその髷は、年をとるごとに小さくしていくことがしきたりだった。

以上が一般女性の経年による髪形の変化である。ただし、あくまで一般例であり、江戸の女性はそのときどきの流行に合わせて、さまざまな髪形を取り入れていた。たとえば有名なのが吉原遊女《よしわらゆうじょ》の兵庫《ひょうご》髷だ。もともとが播州《ばんしゅう》（兵庫県）の遊女の髪形を参考にしたものだといわれている。

島田髷も、もとはといえば駿河《するが》国（静岡県）三島宿で飯盛り女（旅人に食事の給仕をするとともに旅人の夜の相手もした女性）が結っていた髪形から生まれたもので、江戸時代の女性のヘアスタイルの流行は、水商売から発生していたようだ。そのほか歌舞伎で人気役者が使った髪形を取り入れたものもあった。

また、結い上げ方のほかに、「たぼ」と呼ぶ頭の後ろに張り出した部分、「びん」と呼ぶ頭の左右の部分、前髪などのパーツの形にも工夫が凝《こ》らされるようになり、髪形は複雑化していった。

江戸期を通じて用いられた髪形を分類すると、なんと数百種にも達するというから、いかに江戸の女性が流行に敏感で、髪形にこだわっていたかがわかるだろう。

「お歯黒染め」は〝妻になるための儀式〟

今日では、女性の見かけだけでは、既婚か未婚かが判断できないのがふつうである。しかし江戸時代では、既婚の女性はひと目でわかり、あまつさえ子どもがいるかどうかさえも区別できた。それがお歯黒《はぐろ》と眉剃《まゆそ》りである。

お歯黒とはその名のとおり、歯を黒色にすること。江戸時代の女性は結婚が決まると、婚約がととのった印として歯を黒く染めるという習慣があったのだ。

歯を黒く染めるのには、鉄漿《かね》という液体が使われていた。鉄漿の成分は鉄漿水とウルシ科の樹木の樹液からつくった「ふしこ」と呼ばれる粉。ふしこにはタンニン酸がふくまれていたため、虫歯予防の効果もあったようだ。

それらの割合や作り方は各家庭によって異なり、新妻は実家の母親や姑《しゅうと》に教わって歯を染めていた。はじめてお歯黒にする儀式は「初鉄漿」といって、娘から妻へと変身するターニングポイントとなっていたようだ。

結婚して子どもが生まれるまでは、女性でも「半元服」と呼ばれるお歯黒だけの状態だが、出産を経験すると眉を剃り落として、だれが見ても子持ちとわかる顔になった。これが眉剃りである。眉そりは元服の印でもあり、江戸時代の眉剃りは一人前の女性になったという誇りにもつながっていた。

江戸っ子は、口臭を恐れ歯磨きを競い合った

江戸時代の庶民は歯を磨《みが》いたのだろうか。いまのような歯磨き粉も歯ブラシもなかったのだから、さぞや虫歯が多くて歯も汚かっただろう……と思うのは大間違いである。

江戸っ子は歯の白さで粋人《すいじん》か野暮《やぼ》かを見定めるほど、白い歯にこだわっていた。そして、いま以上に歯磨きに神経質で、熱心に磨く習慣があった。

吉原の遊女にモテるのも、歯の白い男だというので、男衆は毎日、一生懸命歯磨きに励んだ。女性は、結婚するとお歯黒をするしきたりだったので、男性ほど気にしなかったのだろう。

いまの歯ブラシに当たるものを「房楊枝《ふさようじ》」といった。これは柳の枝を細くして、端《はし》を叩いてつぶし、房状にしたもので、これに歯磨き粉をつけて磨いた。そもそも日本で歯磨きの習慣がはじまったのはかなり古い。大昔から、人は歯の健康に気を

使ってきたのだ。

日本の文献にはじめて歯磨きが登場するのは、日本最古の医書『医心方《いしんほう》』で、これによると、指に塩をつけて磨いたとある。この習慣は古代インドではじまり、仏教の伝来とともに中国をへて日本に伝わった。

江戸期の元禄《げんろく》時代には、将軍をはじめ庶民まで赤穂《あこう》の名産「花形塩」を歯磨き粉に使った。寛永《かんえい》二年（一六二五）になると、本格的な歯磨き粉がつくられる。人気商品は「房州砂」と呼ばれた炭酸カルシウムをふくんだ白い陶土《とうど》だった。これに人人は、丁子《ちょうじ》や龍脳《りゅうのう》などの高価な香料を混ぜて独自のものをつくった。

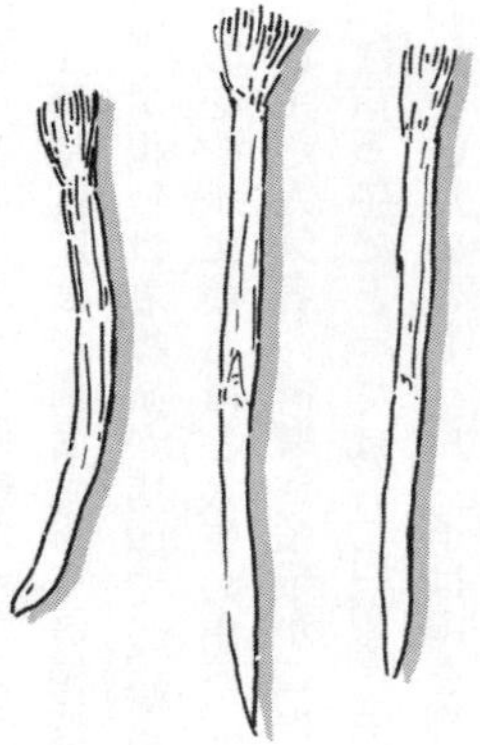

房楊枝　さまざまなタイプのものが売られていた

根本裕子著『江戸に和む』（文芸社）によると、歯磨き粉の値段は高級品の近清香が一三〇文（約三二〇〇円）、滑《こっ》稽《けい》本作者としても有名な、式亭三馬《しきていさんば》が売っていたものは四八文（約一二〇〇円）、町の物売りが売っている安いものだと八文（約二〇〇円）だったというから、庶民が使うものは、現代の歯磨き粉と似たような価格だったようだ。

江戸時代には、歯磨き粉も房楊枝もさまざまな種類が考案され、競って販売された。房楊枝は看板娘が店頭で愛嬌《あいきょう》を振りまきながら売り、なかには、錦絵《にしきえ》や絵草子のモデルになるほど人気の出た売り子もいた。歯磨き粉売りは名人芸と弁舌《べんぜつ》で、これまた人気者。歯磨き産業がこの時代に繁盛したことがわかる。

江戸っ子にとっては、「口がくさい」というのが最悪の悪口で、そんな悪口をいわれないためにも江戸っ子は歯を磨きに磨いた。しかし、度が過ぎて歯のエナメル質を傷つけてしまい、ボロボロになって抜けてしまう人もいたようだ。

江戸時代の衣替えは一年に四回もあった!

四季の移ろいがはっきりしている日本では、夏と冬では身につけるものはまったくちがってくる。季節によって衣服を替えることを「衣替《ころもが》え」といい、現代では、学校や官公庁など制服を着用するところで、六月一日に冬服から夏服へ、一〇月一日に夏服から冬服に衣替えをするのが習慣になっている。

衣替えは、平安時代に宮中の行事としてはじまり、旧暦の四月一日と一〇月一日

江戸時代の衣替えスケジュール

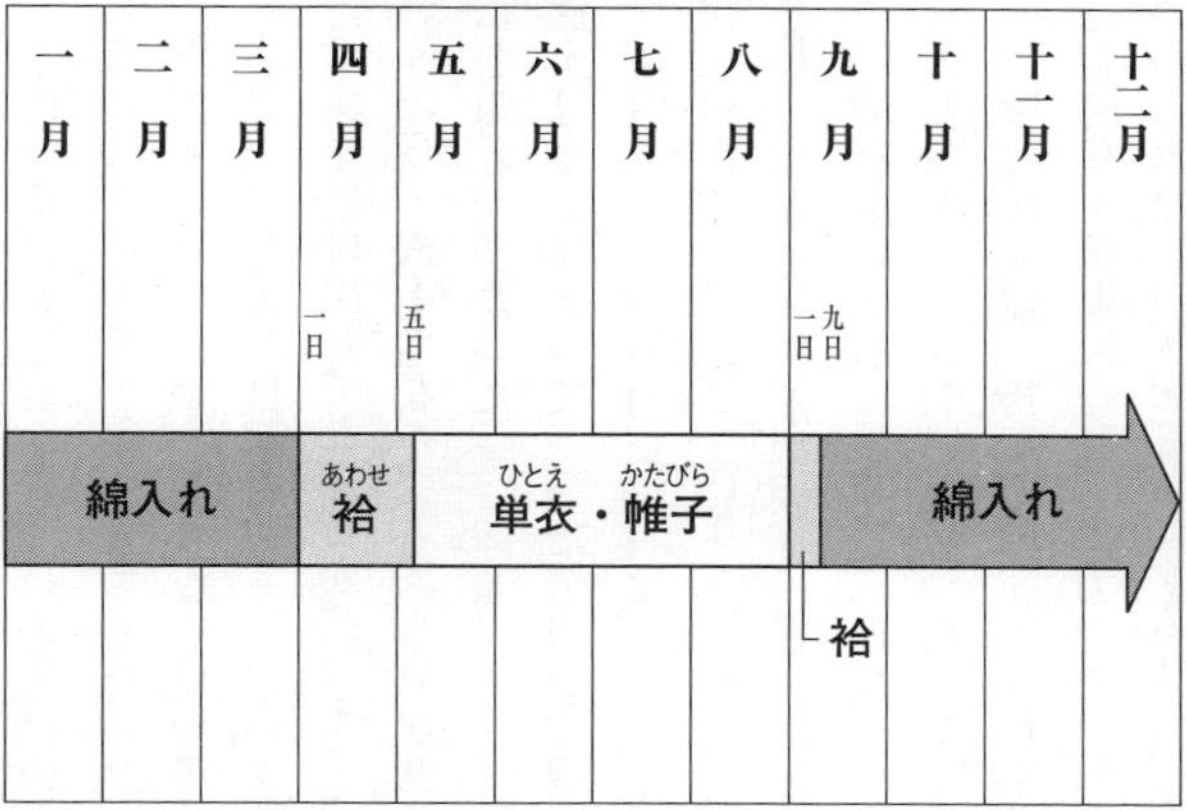

に行なわれていた。

それが江戸時代になると、庶民は、旧暦四月一日から五月四日までは裏つきの着物である袷《あわせ》、五月五日から八月三一日までは裏なしの着物である単衣《ひとえ》と、裏のない麻織物である帷子《かたびら》に衣替えした。

そして九月一日から九月八日まではふたたび袷、九月九日から三月三一日までは袷の表地と裏のあいだに薄綿を入れた綿入れに替えた。端午《たんご》と重陽《ちようよう》の節句を節目に、夏と冬で衣を替え、さらに、単衣では気候的に合わない時期に、袷に替えていくのである。

このように、四月一日、五月五日、九月一日、九月九日の、年四回行なうのが江戸時代の衣替えのしきたりだったのだ。

じつに面倒に思えるが、江戸の庶民のあいだではこれがきちんと守られていた。春になってまわりがみな袷に替えたのに、自分ひとりだけ綿入れではみっともない。そんなことは粋で見栄っ張りな江戸っ子のプライドが許さなかったのだ。

そこで、衣替えの日が近づくと、いま着ている着物を質屋に入れ、前に質草に預けた着物を請《う》け出してなんとか衣替えに間に合わせようとする町人が急増した。いっぽう、武士のなかでも、身分が低くて貧しい者は、衣替えのために質屋に駆けこむことが多かった。

武士は身分によって、また公服か常服かによって、身につけるものがちがっていた。五月五日から八月三〇日までは、上級武士は帷子《かたびら》の小袖に長裃《ながかみしも》、中級以上なら帷子の小袖に半裃《はんがみしも》と決まっていたのである。

そして、九月一日から五月四日までは熨斗目《のしめ》の小袖に袷袴《あわせばかま》となった。つまり、武士の衣替えは公服では年に二回だった。

綿入れはふくまれていなかったので、冬はさぞかし寒かっただろう。ただし、武士の普段着は羽織、袴などで、綿入れも着ていたようだ。

江戸時代も後期になり、財力をたくわえた商人がふえてくると、彼らは短い期間しか着られない着物を豪華にするなど、衣替えによっておしゃれを楽しむようになっていった。

オシャレをしすぎて全財産を没収された

江戸幕府は、庶民の服装が華美《かび》になるのを嫌い、しばしば美服禁止令を発したが、江戸っ子のおしゃれ好きはそうそうおさまるものではなかった。なかでも、豪商ともなると、財力にものをいわせて、意匠《いしょう》を凝らした服を好んだ。

しかし、このおしゃれ心のために、将軍の怒りをかってしまった哀《あわ》れな商人もいた。江戸の豪商石川六兵衛である。

五代将軍綱吉が上野へ参詣《さんけい》したときのこと。将軍の行列を見物していた人々のなかに、ひときわ目立つ一団がいた。菊地ひと美著『江戸おしゃれ図絵』(講談社)によると、そのいでたちは次のようなものであった。

「一八人のおかっぱ頭の童女は、赤い縮緬《ちりめん》に金糸で草を刺繍《ししゅう》した小袖を着ており、三七人の腰元の女たちは、輸入物の唐織《からおり》の織物で仕立てた小袖をまとっており、その他大勢のお供がいた。また、ガラスの駕籠《かご》があり、駕籠の担《かつ》ぎ棒は高級木材である黒檀《こくたん》を使っていた」

一説には、これらの一団の女主である石川六兵衛の妻は、上野の町屋を借りて、金の屏風《びようぶ》を立て、将軍の行列に向かって、大量の伽羅《きやら》（お香の一種）の煙がかかるように金の扇子《せんす》を使って侍女《じじよ》たちにあおがせたともいわれている。

武家を上回るその華美ないでたちに激怒した綱吉は、六兵衛を「闕所《けつしよ》」という罪に問い、全財産を没収のうえ、江戸から追放した。

このようなこともあったため、庶民の服装が華美になるのを禁じる条令が何度も発布されたのである。その中身は、庶民は絹の服を着てはいけない、などといった服の素材にかんするもの。そのほか、服の生地の織り方や柄《がら》も制限された。

しかし、江戸の豪商はそれにもめげなかった。外から見てもわからないように、裏地に派手な色や高級な生地を使ってひそかにおしゃれを楽しんだのである。

宿屋に「足を洗う」サービスがあった理由

江戸時代に旅人が宿に着くと、まず旅人の足を洗うことが番頭や女中さんの仕事だった。旅人を上がり框《かまち》に座らせて、すぐに水の入った桶《おけ》と手ぬぐいを用意する。そうして旅人の足を洗う。これを「足濯《すす》ぎ」といった。

なんと丁寧なサービスだろうと感心してしまうが、じつは宿には宿の事情があって、この足濯ぎを行なっていたのである。

当時の道は、舗装《ほそう》のされていない土の道だったため、雨が降ればぬかるむし、晴天の日でも土ぼこりがたった。その道を旅人は、素足に草鞋《わらじ》や草履《ぞうり》をはいただけの格好で一日歩き続けたのである。

当然、宿に着くころには足が泥まみれになっている。そんな素足で宿に上がられたのでは、畳や廊下が土だらけになってしまう。そこで、宿のなかを汚されないために、旅人の足を洗ったのだ。

また、当時はちゃぶ台のようなものがなかったから、湯のみや茶椀は直接、畳の上に置いた。旅人のほうも、泥がついた畳の上でお茶を飲んだり、ご飯を食べたりしたくはないはず。そのようなことからも、宿では、旅人の足をきれいにすることが大切だったのである。

この足濯ぎに似た作法に、武士の足袋《たび》のはき替えがある。武士は訪問先に着いたら、玄関脇の控えの間に入り、そこで足袋をはき替えるのが習わしだった。汚れた足袋でそのまま上がっては、相手の家のなかを汚してしまう。それをさけるための心づかいである。

そのため上級の武士が登城《とじょう》したり、主君の使いで他家を訪問するときは、足袋などの着替えを入れた箱を担ぐ、お供の者がいた。さらに格上の人に会う場合は、足袋だけでなく着物一式を着替えてから会うということもあった。

町火消しの着衣にも決まりごとがあった…

「火事と喧嘩《けんか》は江戸の華《はな》」といわれたほど、江戸時代には火事が多かった。家屋が木造で襖《ふすま》は竹や紙でできていたうえ、冬は雨が少なく空《から》っ風が吹くので、一度火がつくと、またたく間に燃え広がってしまう。

大火《たいか》は三年に一回はあったといわれているが、なかでも江戸市中を焼き尽くしたのが明暦《めいれき》三年（一六五七）の「振袖《ふりそで》火事」である。幕府はこの大火後、火除《ひよ》け地を設けたり、火の見櫓《やぐら》を設置するなど防火対策を強化した。

享保《きょうほう》三年（一七一八）には、南町奉行の大岡忠相《おおおかただすけ》の命により、町火消《まちびけ》しの制度がつくられた。まず、大組が一番から一〇番まであり、その下に小組「いろは四十八組」が組織された。テレビドラマの時代劇によく出てくる「め組」は、この町火消しの小組のひとつだ。

当時の町火消しの多くは鳶人足《とびにんそく》で、いつもは道路の補修や警備、祭りの準備、注《し》連縄《めなわ》づくりをしていた。火事が起きると先陣を切って火事場に駆けつけ、意気と張り（意気地）で勇敢に消火にあたり、多くは英雄視された。

その町火消しが着ていた半纏《はんてん》は、ヒーローとしての証しであった。半纏の裏地には華麗で派手な染め柄があり、江戸っ子のこだわりを表している。さらに、火消し半纏の染め柄には、混乱する火事場で、ひと目でどこの組の何の役目の者かがわかるように、いくつかの決まり事があった。

半纏の背中には各小組のマーク、襟《えり》には各小組の名前と役職が書かれたのだ。いろは四十八組の小組には、頭《かしら》、副頭、小頭《こがしら》、筒先《つつさき》、道具持ちという役職があった。

火消し半纏 染め柄と襟で所属や役割が示されていた

また、腰まわりには白線が書かれた。この白線が一本線なら大組一番、一〇本は大組一〇番というように白線の数で所属する組がひと目でわかった。さらに頭と副頭の半纏には、赤い線が袖から肩にかけて入れられたから、これも目立った。

そして外からは見えない裏地にも派手な絵柄が染められた。自分で染め柄をデザインして注文する者や、天然藍《あいぞ》染めにこだわる者もいたし、大店の主人などが、ヒーローのために豪華な裏地を贈ったりもした。半纏を染める職人には、型彫師や型付師、染師がいたが、派手な絵柄は、絵師が手描きで絵付けをしていた。

正座のマナーは、江戸時代に武士道から生まれた

現代では、正座はもっとも礼儀正しい座り方とされているが、正座をするようになったのは、三代将軍家光の時代からで、日本人は古来より身分や男女の別なく、胡坐《あぐら》座りを基本作法としてきた。桃山時代から江戸初期に描《えが》かれた古画を見ると、女性の場合は立て膝《ひざ》で座るのが習慣だったようだ。

じつは、家光の時代以前は、膝を折って正座をすることは、「膝を屈《くっ》する」ことで、最大の屈辱と考えられていた。身分の低い者が主君の前で座るとき、正式の場や親の前でも正座はしなかったといわれている。その正座が、もっとも礼儀にかなった作法となったのは、ひとつには、家光が臣下に絶対服従の意思表示をさせるた

め、膝を屈する正座をさせたからだという説がある。

また、別の説には、室町時代の後期にさかんになった茶の湯が発祥というものもある。狭い茶室で行なう茶の湯は、胡坐では隣人と膝がぶつかりあうので、膝を折る正座が作法になった。

さらには、女性の着物は室町時代後期から身幅《みはば》が狭くなったので、片膝を立てると、着物の裾《すそ》が割れて秘所《ひしょ》が見えてしまうからだという説まである。

日本の由緒正しい礼法である小笠原流礼法では、正座をするときは、膝の上にのせた右手を下に、左手を上に重ねるのが作法になっている。武士にとって、右手は武器を使う手だ。その右手を左手で覆い隠すことで、相手を襲う気はまったくないということを示す意味があった。

庶民が、布団の下に風呂敷を敷いて寝た理由

江戸の庶民の多くは、裏長屋に住み、四畳半ほどの狭い部屋で家族が寝起きしていた。寝るときの夜具《やぐ》はというと、敷き布団《ぶとん》だけで、なんと掛け布団がなかった。敷き布団の上に枕を置き、掻巻《かいまき》と呼ばれる綿入りの夜着《よぎ》をかけて寝ていたのだ。

武家や豊かな商家は掛け布団を用いていたが、庶民にはぜいたく品で使えなかった。しかし、掛け布団がなくても、掻巻は着物よりひとまわり大きく、襟と広袖《ひろそで》のついた綿入れなので暖かかった。

さらに、江戸っ子は、寝るときに工夫をしていた。まず床に八端織《はったんおり》の風呂敷を、四か所の角が頭の方角、足先の方角、左右の方角になるように敷く。その上に敷き布団を敷いて掻巻をかけて寝たのだ。

こうしておくと、いざ火事になったときに、夜具を風呂敷でくるくる巻き、左右の風呂敷の角を持って夜具一式を背負い、左右の角を首の前で結び合わせて、すぐに持ち出すことができた。火事がひんぱんに起きた江戸が生んだ、庶民の賢い知恵である。

四章

江戸の遊びのマナー

◆知らないと〝無粋〟と笑われる！

遊郭には、こんなにややこしい作法があった…

江戸の遊郭《ゆうかく》というと、現在の風俗店を思い描《えが》きがちだが、じっさいには、人々の社交場のようなものだった。もっとも遊郭にもそれぞれ格があり、これは中級以上の遊郭の場合である。

上級武士や豪商が通う中級以上の遊郭には、厳格な決まり事があり、それを心得ていないと〝無粋者《ぶすいもの》〟として相手にされないこともあった。吉原《よしわら》で遊ぶにはもちろんお金が必要だが、ただお金を払えばいいというものでもなかった。金払いがよく、粋《いき》な遊び方を心得ている者だけが大切にされたのだ。

では、無粋者にならない遊び方とはどんなものだったのだろうか。

吉原で遊ぶには、案内書である『細身』や、編笠茶屋《あみがさ》（客に顔を隠すための編笠を貸した茶屋）などで遊女《ゆうじょ》の情報を仕入れることからはじまる。吉原では、一度指名した遊女を代えることはできなかったので、真剣に選ばなくてはならなかった。どうしても遊女を代えたいときは、相手の遊女や遊郭に相応の金品を送り、了解を得なければならないという面倒な手続きがあったからだ。

遊女を指名すると、いよいよ「初会《しょかい》」である。初会とは、遊女と客がはじめて顔を合わせること。初会では、遊女が上座、客が下座になる。料理や酒が運ばれてくるが、遊女はいっさい手をつけないし、ほとんど口も聞かない。

初会でできることといえば、遊女をじっくり眺《なが》めるくらいである。客はこれで満足して帰らなくてはならなかった。

遊女と二度目に会うことを「裏を返す」という。前回よりは、遊女の愛想もよくなり、酌《しゃく》をしたり、会話ができるようになるが、それでも「床入《とこい》り」はできない。吉原では、三度通わなくては馴染《なじ》みの客として認められず、馴染み客になるまでは床入りはできなかったのだ。

三度目で馴染み客となれば、遊女の部屋に通され、専用の箸《はし》が用意される。これで、いつでもその遊女の元に通うことが許されるというわけである。また、遊女とのはじめての床入りのときには、正式の料金のほかに、祝儀《しゅうぎ》を遊郭や遊女に渡す。これを「馴染み金」といった。

このように、遊郭で遊ぶには、三回通うというややこしい手順を踏まなければならず、それにともなう大金も必要とした。そのため、江戸の後期になると、もっと簡単に遊べる私娼街《ししょうがい》へ通う客のほうが多くなり、二〇〇〇人から三〇〇〇人の遊女をかかえていた吉原はしだいにすたれていったのである。

遊女が使った「ありんす言葉」に隠された秘密

吉原の遊女は、独特の言葉を使った。「あります」を「ありんす」、「ありません」を「ありんせん」というように、語尾を変えた話し方である。これが俗にいう「ありんす言葉」だ。

吉原は、浮世離れした極楽といった印象を保つために、独特のしきたりを大切にした。このありんす言葉もそのひとつだった。客のほうも、ありんす言葉を聞くと、いかにも吉原に来たと思えたので、この独特の言葉づかいは好評だった。吉原に足しげく通い、ありんす言葉を自在に話せるようになることが、遊び人としての一種の心得にもなるほどだった。

さて、いかにも華《はな》やかな世界を彩《いろど》るための小道具といった感じのありんす言葉、いったいどういった経緯で生まれたのだろうか。じつは意外と現実的な理由が背景になっている。

吉原の遊女の大半は、地方から集められた女性たちだった。そんな女性たちが、

「ありんす言葉」のバリエーション

「ありんす＝あります」	「ありんした＝ありました」
「ありんせん＝ありません」	「ありんしょう＝ありましょう」
「おす＝あります」	「しんす＝します」
「おざんす＝ございます」	「おざんした＝ございました」
「おざんせん＝ございません」	
「おざんしょう＝ございましょう」	
「そうざんす＝そうです」	
「来(き)なんす＝来(こ)られます」	

それぞれの出身地の方言を話したのでは、男の理想郷とされる吉原の世界が、途端に現実味を帯《お》びてきてしまう。そこで、遊女の出身地がわからないようにと考えだされたのが、吉原でしか使えないありんす言葉だった。

どの遊女屋がはじめたかは不明だが、元禄《げんろく》の時代（一六八八〜一七〇四）には、吉原に定着していたといわれている。

また、ありんす言葉は、それぞれの茶屋によって、微妙にちがっていた。花咲一男監修『大江戸ものしり図鑑』（主婦と生活社）によると、たとえば、「おっす松葉屋」「ざんす丁字屋《ちょうじや》」などと呼ばれたように、松葉屋では、ありんすではなく「おす」、丁字屋では「ざんす」といった語尾が使われた。そのため「ようござります」は、松葉屋では「ようおす」、丁字屋では「ようざんす」と話されたという。

もっとも、こうした吉原独特の郭《くるわ》言葉を遊女が話したのは、格上の遊郭だけでのこと。庶民が通うような安い遊女屋では、そのような風流な言葉遊びを楽しむといった雰囲気はあまりなく、郭言葉も徹底されていなかった。

遊郭遊びの後、お金が払えないとどうなる?

遊郭でさんざん飲み食いをして遊女と床を共にしたはいいが、朝になって勘定を払おうとしたらお金がない。江戸時代にはそんな客も少なくなかった。こんな客には、古い風呂桶に客を押しこめる「桶伏《おけふ》せ」という仕置きがなされた。

風呂桶に閉じこめられたまま、客は家の者が代金を持ってくるまで、じっと待たなくてはならなかった。食事は一椀の飯しか与えられず、便所にも出してもらえないから、垂《た》れ流すしかない。さらに、代金を立て替えてくれる者が現れなければ、五、六日間も、この仕置きを受けなくてはならなかった。

しかし、このような仕置きをしても、見せしめにはなるが、お金の回収にはつながらない。そこで、だんだんと桶伏せの仕置きはなくなり、代わりに取り立て屋を使って代金を回収するようになった。

この取り立て屋にも二通りがあり、客の家についていって、そこで代金を回収するのが「付け馬」という取り立て屋である。客から回収した代金を遊郭へ渡し、そこから手数料をもらった。

とはいうものの、客の自宅へついていっても代金が回収できない場合がある。そのようなあまり裕福でない客の場合には、「始末屋」と呼ばれる取り立て屋が登場した。

始末屋は、客の身なりや職業などから、まず「〇〇円なら請《う》け負う」といったことを遊郭の主人に話す。遊郭としては、代金を一〇〇パーセント回収したいところだが、それが無理ならせめていくらかでも回収したい。そこで、始末屋との交渉により納得した金額で、

代金を払えない客は「桶伏せ」の仕置きを受けた

始末屋に客を渡すのである。始末屋は、遊郭の主人に請け負った金額を払ったあと、客を自宅へ連れていく。

始末屋としては、遊郭の主人に払った以上の金額を、その客から絞りとらなくては儲けにならない。金の都合がつかなければ、客の家財道具を売ったり、着物をはがしたりして、非情な取り立てを行なった。始末屋から見ぐるみはがされて、ふんどしと手ぬぐいしか手元に残らなかったというような話も伝わっている。

歌舞伎の「顔見世興行」は、なぜ十一月一日だった？

「顔見世《かおみせ》大歌舞伎」といえば、いまでは豪華な役者の顔合わせといった意味合いが強いが、江戸時代の「顔見世」といえば、役者のお披露《ひろめ》目の意味だった。つまり、「これからの一年間、うちの一座では、このような役者が出ます」と、みなに紹介するためのものだったのだ。

一年の最初の興行と位置づけられていたので〝芝居のお正月〟とも呼ばれ、華やかな演目を披露した。また、顔見世の演目では、場面ごとに決め事があり、しきたりに沿った演目を出した。これを「顔見世狂言」という。

顔見世興行の初日は十一月一日で、一〇月なかばになると、興行の役割番付が売られた。顔見世は、江戸の芝居のなかでももっとも大々的に行なわれる興行だったので、江戸っ子に大人気だった。江戸っ子は、役割番付が出回ると、心躍《こころおど》らせて、初日を待ったのである。

では、なぜ江戸の歌舞伎座の顔見世は十一月一日に行なわれたのだろうか。当時、役者と芝居小屋との契約は一年間だった。その契約期間が十一月からはじまり、次の年の一〇月で切れる。つまり、役者の顔ぶれが一新されるのが十一月一日だったのだ。そのためこの日に役者の紹介を行なったのである。

また、十一月一日に顔見世興行を行なうのは、出費が重なる正月よりも前に、こうしたイベントを行なうことで、江戸庶民の関心を買おうという目論見《もくろみ》があった。このほか、旧暦を使っていた江戸時代では、十二月、一月の冷えこみが厳しく、芝居見物へ行こうという人も減ってくる。それなら、冬のはじめの十一月に興行を打つことで、少しでも客足を伸ばそうといった狙いもあったようだ。

こうした思惑が当たったためかはわからないが、江戸の芝居見物は庶民のあいだで大人気だった。芝居見物には、茶屋を通して予約する桟敷席《さじきせき》のような上級武士や豪商向けの高額な席もあったが、「切り落とし」と呼ばれる庶民向けの席が多数設けられていて、その席がいつもいっぱいになっていたという。

前夜から出かけるのが当たり前だった芝居見物

江戸時代に大人気となった芝居の興行は、幕府によって昼のあいだだけに限られていた。これは、照明がろうそくだったため、夜に興行をすると、火事の可能性が高くなったからだ。そのため、芝居が上演されるのは、早朝の六時ごろから夕方までだった。

朝六時の開演に間に合うには、よほど早く家を出なくてはならない。しかも、せっかくの芝居見物だから、いい席を確保したい。そんな思いからか、それとも江戸っ子のせっかちな性格からか、まだ日付も変わらない真夜中のうちに家を出て芝居小屋へと向かい、開演を待つのが当たり前だった。

芝居小屋側もそれは心得ており、早く来た客には雑煮《ぞうに》が振る舞われたりした。暁《あかつき》八つ（午前二時）になると、芝居の題や役割が読み上げられ、七つ（午前四時）になると一番太鼓が鳴った。見物人は、芝居への期待をふくらませたのである。そうして、明け六つ（午前六時）には、二番太鼓が鳴り、札売りが行なわれた。

芝居見物の一日

①前日から、衣服をととのえ
まだ暗いうちに芝居小屋へ

②朝6時に、二番太鼓が鳴り、
三番叟(さんばそう)がはじまる

③一幕目は「時代物」が上演
された

④昼になると「幕間」となり、
客には弁当が出された

⑤二幕目は「世話物」が上演
された

⑥夕方5時ごろ終演。ひいきの
役者を招いて宴を開く客もいた

芝居はまず、江戸時代以前の話を題材にした「時代物」と呼ばれる演目が上演される。休憩がはさまれたあと、二幕目は当時の話を題材にした「世話物《せわもの》」が上演され、夕方ごろに芝居は終わる。芝居見物は、前日の準備からはじまり、当日は一日がかりという大掛かりなイベントだった。

もっとも、これは庶民の場合の芝居見物である。裕福な者になると、芝居茶屋に桟敷席を予約しておき、駕籠《かご》に乗って早朝に芝居小屋に現れた。そして、観劇したあと、芝居茶屋で宴席を設け、ひいきの役者などを招いてすごすのが一般的だった。

ともあれ、娯楽の少なかった時代の人々にとって芝居見物は一大イベントだったのである。

女性は相撲見物が許されなかった⁈

現代においても、女性が土俵に入ることは許されていないが、江戸時代には、それに加えて女性が相撲を見ることも許されていなかった。

江戸時代の相撲は、勧進《かんじん》相撲といって、寺社を建立《こんりゅう》するための資金集めの一環として行なわれていた。つまり、ただの見世物ではなく、神事のひとつだった。そのため、相撲の本場所の観戦は、男性だけが許されていたのである。

また、相撲を興行するには、寺社奉行の許可が必要だった。勧進相撲という意味合いから、相撲の興行は、深川八幡、浅草大護院、芝明神など、それぞれの寺社の境内で、持ち回りで行なわれていた。そして、天明年間《てんめい》（一七八一～八九）以後になると、ほとんどの興行が両国の本所回向院《ほんじょえこういん》の境内で行なわれるようになった。

そこで闘った江戸時代の力士の最高位は大関で、その後に関脇、小結と続き、これを三役といった。つまり、現在の力士の最高位である「横綱」という地位は存在しなかったのである。ただし、横綱という称号がなかったわけではない。江戸時代には、横綱という称号は別の意味で使われていた。

西山松之助編『江戸ことば百話』（東京美術）によると、江戸時代には、地鎮祭《じちんさい》に力士を招いて四股《しこ》踏みをする儀式があり、この儀式に注連縄《しめなわ》をしめて出る資格を力士に与えることを「横綱の伝を免許する」といったという。

つまり「横綱」とは、地鎮祭の儀式に注連縄をしめて出る資格を与えられた者を指す。だから、人気も実力もある大関でも、横綱の称号を与えられなかった者がいた。これは、その力士に品格が備わっていなかったというようなことではなく、たまたま横綱の免許を与える機会がなかっただけというのが真相のようだ。ちなみに、本場所の観戦は女性に許されていなかったが、巡業である稽古《けいこ》相撲にかんしては、女性も観戦することができた。

見世物小屋は、武士にとって禁断の地…

庶民に人気の娯楽のひとつに見世物小屋があった。ここでは、珍しい動物が登場したり、大道芸人によって信じられないような技が披露されていた。

動物では、孔雀《くじゃく》や駝鳥《だちょう》、インドの象など。当時は動物園がなかったから、珍しい動物を見るには見世物小屋へ行くしかなかったのである。

いっぽう大道芸人はというと、釣鐘《つりがね》を持ち上げる力自慢の男や、馬に乗って曲芸する若い娘、役者の声色《こわいろ》を真似てみせる者、能楽の真似ごと師、辻講釈師などもいた。また、数枚の絵を回転させて物語として見せる「のぞきからくり」や、ろくろ首、鬼娘などといったグロテスクな見世物もあった。

ろくろ首は首の長い妖怪だが、見世物小屋のろくろ首は、ふたりの女が演じていた。体を担当する女は動かず、もうひとりの女があごに作り物の首をぶら下げて、思いっきり背伸びをすることで、さも首が伸びたかのように見せたのである。

暗い場所で、おどろおどろしい音楽に合わせて演じるから、いかにも恐ろしげで騙《だま》される人も多かった。鬼娘も、牙《きば》や角《つの》の作り物をつけて、恐ろしげな様子を見せるというものだった。

このほか、「蛇つかい」もいた。若い女性が、ザルのなかの蛇を手でつかみ出しては、自分の首などに巻きつかせて見せるというものである。じっさいに使われている蛇は、歯を抜いているので、咬《か》みつかれる心配はなかった。若い女性が蛇をつかむという奇抜さが受けたようだ。

このように、見世物小屋ではさまざまな出し物が用意されており、江戸の庶民を楽しませた。

ただし、見世物小屋はあまり上品な出し物ばかりではなかったので、武士や名のある豪商の行く所ではないとされていた。また庶民であっても、出し物の内容によっては、女性、子どもの入場が禁止された。性別

大人から子どもまで楽しんだ「のぞきからくり」

や年齢、貧富の差によって、入れる小屋と入れない小屋の区別がきちんとされていたのである。

「通な人」は、自分の名前を使い分けた

江戸時代前期、上方《かみがた》町人がつくりあげた美意識を「すい」といい、後期の江戸町人がつくりあげた美意識を「通《つう》」「いき」といった。「通」とは、人情の機微《きび》に通じているといった意味。そこから、遊郭や芝居小屋など、遊びの分野での知識と経験に長《た》け、垢抜《あかぬ》けたふるまいができる人々を指すようになった。

人情の機微に通じることを「訳知《わけし》り」、遊郭などの特殊な世界での風俗に精通することを「穴知《あなし》り」といい、このふたつに通じている者を「通人《つうじん》」といった。

また、どちらかいっぽうの分野にだけ精通していると「半可通《はんかつう》」、どちらの分野にもまったく通じていないと「野暮《やぼ》」と呼ばれた。

この通人が好んだものに、「表徳《ひょうとく》」という習慣があった。表徳とは、雅号《がごう》（文人・画家・書家などが、本名以外につける風雅《ふうが》な名）や俳名、芸名。本名とは別につけた、その場やその作品に合った名のことである。いかに洒落《しゃれ》っ気を出した表徳にするか

が、その人の腕の見せ所であった。

たとえば、天才歌人といわれた四方赤良《よものあから》の表徳は、「寝惚先生《ねぼけせんせい》」や「山手馬鹿人《やまてのばかひと》」。吉原妓楼の主人の表徳は、「加保茶元成《かぼちゃのもとなり》」、日本橋小伝馬《こでんま》町の宿屋の主人なら「宿屋飯盛《やどやのめしもり》」といった具合である。かなりの洒落がきいているものばかりである。

また、江戸時代に現れた「十八大通」を名乗る集団も表徳を持っていた。この集団は、十八とあるように一八人から成る。〝大通〟とは、通の上、つまり通人のなかの通人といった意味である。

たとえば、歌舞伎役者と同様の派手な服装で知られた大口屋治兵衛《おおぐちやじへえ》の表徳は「暁雨《ぎょうう》」、高価な初鰹《はつがつお》に大金をはたくほど裕福だった大和屋太郎次は「文魚」、黒い服装が吉原ではたいそう人気だったという下野屋十衛門は「祇蘭」を名乗った。

このように、表徳は江戸時代に通を名乗るためには欠かせない小道具だったのである。

お花見は〝玉の輿〟の大チャンスイベント⁈

持参した弁当を食べながら、山に自生する桜を愛《め》でる「花見」の習慣は、江戸に町がつくられる以前から京都・大坂で人々に親しまれていたが、江戸では、桜の名所で飲み食いしながら騒いで楽しむ、春の遊興の中心となった。

武家でも大店《おおだな》の商家でも家臣や一族、奉公人が打ちそろって出かけ、さながら現代社会での会社の社員旅行や慰安会のような様相を呈《てい》していた。

自営の小商いの店がならぶ町屋でも、町内会ごとに世話役を設けて団体で出かけたし、長屋の住人も大家・店子《たなこ》が一緒になって花見に出かけた。つまり、江戸の住人はみんな花見に出かけたのである。江戸に暮らす人々にとって、花見は必須の行事だったというわけだ。

花を楽しむ時期は現在のような満開一歩手前のころではなく、満開をすぎて花が散るころが好まれた。散りゆく花びらの下で弁当を広げ、落ちてきた花びらを浮かべた酒を飲むことを、江戸の人々は最上の風雅ととらえていたからだ。

また、花見の日は江戸の娘たちにとっては「玉の輿《こし》」に乗るチャンスでもあった。身分の高い旗本家や大店の宴席は花見幕と呼ばれた布で覆われていたが、庶民は毛せんやゴザを敷いただけでの酒食の宴《うたげ》である。

そんななかホロ酔いで花見幕の切れ目から他家の宴席をのぞく若い武士や、そぞろ歩きの途中でよその町内の宴席に交じる若旦那《わかだんな》も現れたりする。武士がそこで商家の娘を見初《みそ》めたり、若旦那が日常生活ではけっしてつきあうことのない町娘に恋心を覚えることもあったのだ。

そこで、江戸の娘たちは本来なら正月に新調する着物をこの時期まで我慢して、花見用の小袖《こそで》をあつらえたりした。花見の当日にその小袖を着て、見初められるかもしれないという期待感に胸をふくらませながら会場に向かったのである。

江戸の庶民は、気軽に富士山に登っていたって?!

富士山は、神仏をたてまつる神聖な山として古代から信仰の対象となっていた。その信仰対象を具現化したのが富士山の浅間《せんげん》神社である。この浅間神社を参拝することを「富士詣《もうで》」といい、江戸の庶民にとって富士詣は、できることなら一生に一度は行ってみたいあこがれだった。

富士山に登れるのは、旧暦六月一日の山開きから二一日までのあいだ（七月二〇日まで、という説もある）である。江戸の人々は「富士講」と呼ばれる富士山信仰の会をつくり、費用を積み立てて挑《いど》んだ。

ただし、講の人間全員が富士詣に行けたわけではない。そこで代表者が選出され、その者が全員の護符《ごふ》をもらってくるという形がとられた。江戸から遠く離れた富士山への参拝には多額の費用が必要だったからである。

このように、富士詣はだれでも気軽に行なえるというものではなかった。費用の面以外にも、高齢者や病弱者にとって日本一高い富士登山というハードルはあまりに高かったし、女性は富士登山が禁じられていたため、参拝することができないという事情もあった。

そこで考え出されたのが「富士塚《ふじづか》」である。江戸の人々は富士山を模《も》した人工の山を江戸の町のあちこちにつくり、富士山を訪れる代わりに参拝したのだ。

そのなかでもっとも古いのが安永《あんえい》八年（一七七九）につくられた高田富士（現新宿区西早稲田）だといわれている。続いて既存の神社が次々に敷地内に小山を築《きず》いて富士塚とした。土を盛り上げたものもあれば、岩を積み上げたものもあり、形はさまざまだった。

富士山を臨むようにつくられた「富士塚」

富士塚の誕生で、江戸の人々は気軽に富士詣ができるようになった。本家にならって、富士塚でも六月一日に山開きの儀式が行なわれ、江戸の庶民は老若男女こぞって富士塚を訪れたのである。

参詣はついで？ 帰りが楽しみだった「大山詣」

江戸の庶民にとって春に欠かせない楽しみが花見なら、夏に欠かせない楽しみは「大山詣《おおやままいり》」だった。大山詣とは江戸から一八里（約七〇キロメートル）離れた阿夫利《あふり》山大山寺、別名・大山大権現への参詣《さんけい》である。

西山松之助編『江戸ことば百話』（東京美術）によると、大山寺は旧暦の六月二八日を縁日として、その日から七月一七日までという短い期間だけ一般の登山が許されていた。この期間中に江戸の庶民が大山詣に出かけるという風習が宝暦《ほうれき》年間（一七五一〜六四）にはじまり、しだいにさかんになっていった。

大山寺が山を庶民に開放する時期は、ちょうど七月のお盆までの期間であり、一年のなかばを過ぎたところで、藪入《やぶい》り（商家での盆の休暇）にも重なっていた。そのため、江戸から短期間で往復できる大山は、格好の旅先となったのである。

大山寺のある阿夫利山の「阿夫利」とは雨降りの意味を持ち、古くから修験道《しゆげんどう》の霊山として崇《あが》められていた。その霊山に、修験者の持つ魔除《まよ》けの杖《つえ》である木太刀を納めて願掛けをするのが大山詣の目的。防災を願う鳶《とび》などの職人、商売繁盛の願掛けをする商人などが多く訪れた。

また、大山詣のついでに箱根での湯治《とうじ》に出向いたり、江の島や鎌倉の観光に足を延《の》ばしたりするのを楽しみにしていた人たちも少なくなかった。さらに男性に限っては、山を下った藤沢の宿や、江戸御府内に入る直前の品川遊郭での遊びというオマケのほうを目的にしていた人も多かった。

身分で「上げられる花火」が違っていたって?!

私たちが今日、目にする花火は、江戸の町民たちが打ち上げていた仕掛け花火やからくり花火と同じものである。ただし、当時は現代のようなさまざまな化学薬品があったわけではないので、硫黄《いおう》や木炭などを使った赤一色の花火だった。しかし、大小、形には工夫を凝《こ》らしていた。

もともとは、船遊びを楽しむ客たちが、自分たちだけの楽しみのために、花火屋から花火を買って打ち上げたのが、娯楽としての花火のはじまりである。

しかし、個人で花火を買う程度では花火屋の売り上げもたかがしれている。また、客はその宴の盛り上がり具合で気まぐれに花火を買ったから、偶然近くにいた人しかその花火を見物することができなかった。

そこで、皆が見物できるようにと隅田川《すみだがわ》沿いの船宿や料理店がお金を出し合い、花火大会を催すようになったのである。

そのため、今日の花火大会の起源は江戸時代にあるといってもいいだろう。いまも花火のかけ声として残る「玉屋《たまや》、鍵屋《かぎや》」も、江戸時代の有名な花火師、両国広小路《りようごくひろこう》じ《じ》の玉屋市郎兵衛《いちろべえ》と横山町の鍵屋弥兵衛《やへえ》が起源となっている。両国橋より上流を玉屋、下流を鍵屋が受け持っていたので、その花火の方角を見て、「玉屋〜」「鍵屋〜」と、声をかけたのである。

いっぽう、江戸の町民とは別に、武士も花火を楽しんだ。将軍や大名は、屋敷から見物するために花火を打ち上げさせたが、こちらは、町民が目にするような艶《あで》やかなものではなかった。

武家の花火は、花火師ではなく鉄砲方が担当しており、狼煙《のろし》を応用したような、縦に長い打ち上げ花火だった。それは、花火師がくり出す横に広がる華麗な花火とはちがい、ただ勢いよく空へ向かって放たれるだけだった。

風流を楽しむなら「雪見」が一番!

四季折々の行事を楽しむことに長《た》けていた江戸の町民は、冬は「雪見」も楽しんだ。雪が降りつもってできた一面の銀世界を、風流のなかの風流と位置づけて、その静かな風景を愛《め》でたのである。

ただし、雪見には寒さがつきものであった。というのも、江戸時代の雪見とは、部屋のなかから雪が降ることをのんびり眺めることではなかったからだ。雪が降ったり、積もったりしたときに、わざわざ名所まで出かけていき、そこで雪景色を堪《たん》能《のう》したのである。

寒い時期に何を好きこのんで遠出をしたがるのだろうと、いぶかしむ人もいるかもしれない。しかし、寒さをものともせず、白い雪の世界を愛でることこそ江戸の〝粋〟だったのである。

雪見の名所としては、飛鳥山《あすかやま》や道灌山《どうかんやま》、湯島や谷中《やなか》などの高台、上野の不忍池《しのばずのいけ》、隅田川の堤などが挙げられている。また、隅田川の東岸、向島《むこうじま》にある長命寺《ちょうめいじ》もそ

うした名所のひとつで、長命寺の境内には、江戸時代に松尾芭蕉が周辺の雪の美しさを見て詠《よ》んだとされる、

いざさらば雪見にころぶ所まで

という句が刻まれた「雪見の碑」が建てられ、いまも往時をしのばせている。この句からも、当時雪見が風流なものとしてとらえられていたことがうかがえる。また、『東都歳時記』には、この芭蕉の句をもじった、

いざさらば雪見に呑《の》める所まで

という句が記されている。雪見がてら、酒屋を探し当てようというのである。江戸の庶民のなかには、粋な雪見より、凍《こご》えた体を温めてくれるお酒のほうがいいという人もいたのである。

江戸っ子の見栄が生んだ「初物食い」大騒動

江戸っ子の見栄は、食習慣にまでもちこまれた。それが「初物《はつもの》食い」である。とにかく人よりも早く旬のものを食べて、「やはり初物の味はちがうねえ」と通ぶるのが流行した。旬の食材なら野菜でも魚でも好まれたが、とりわけ江戸っ子の関心

が高かったのが初鰹《はつがつお》である。「初物を食うと七五日長生きする」といわれ、人々は競って初物を買い求めた。

ところが、消費者が殺到すれば、当然のごとく価格は高騰《こうとう》する。初鰹一匹が一〜三両ということもあった。一両を現代の約一〇万円と換算した場合、魚一匹に一〇万円以上も出すことになる。いまの感覚では信じられないが、それでも見栄っぱりな江戸っ子のなかには、何が何でも初鰹を買い求めるこだわり者がいた。

江戸っ子の初物好きはさらに増し、茄子《なす》やきゅうりなどの野菜や、新酒、新豆腐、新蕎麦《そば》、新海苔《のり》、新茶、若鮎《あゆ》、早松茸《まつたけ》など、とどまるところを知らなかった。

幕府は、食材の高騰を恐れて「初物を買わないように」とのお触《ふ》れを出すのだが、そのお触れさえも江戸っ子の初物熱をかきたてる一因となった。けっきょく、幕府は、野菜や魚などの売り出しの期間を法律で規制するしかなくなってしまった。

ただし、初物に大きな関心を持ったのは江戸っ子ならではの気質のようで、関西では江戸のように初物が高騰するといった騒ぎはほとんどなかったのである。

五章

◆家格や年齢でがんじがらめ!

江戸の恋愛と結婚のオキテ

相手の顔も知らないまま結婚していた武士たち

江戸時代の武家社会では、相手の顔を知らないまま結婚するというケースが多くあった。武家の縁組は、家格のつりあいや、家臣としての仕事内容、派閥の所属などを考慮したうえで、親や上司の思惑《おもわく》で決められたからである。

それでも下級武士の場合は、まだ相手が上司の娘とか同輩《どうはい》の妹などが多かったため、顔くらいは知っていた。しかしこれが大名ともなると、婚礼の当日になってはじめて対面するということも珍しくなかった。

では、相手の顔も知らないまま結婚しなければならなかった大名は、いざ結婚してみて、どうしても好みではないとわかった場合にはどうしたのだろうか。

じつは、このようなことは大名にとってたいした問題ではなかった。なぜなら、江戸時代の大名は正室のほかに側室《そくしつ》も持つのがふつうだったからだ。つまり、一夫多妻制だったのである。正室が気に入らなければ、自分で好みの女性を見つけてきて、側室にしてしまえばよかった。現代人にとっては、まさに驚きのしきたりといえる。

また、結婚にかんしては、幕府の許可を受けなければいけないという決まりもあった。江戸時代初期に定められた『武家諸法度《ぶけしょはっと》』には、「勝手に婚姻《こんいん》を結んではならない」という条項が設けられていたのだ。

このような条項を定めたのは、大名同士の婚姻により大藩が手を結び、幕府に反旗をひるがえす可能性を恐れたからだった。これが、八代将軍吉宗の時代には、どんな下級武士にも適用されるようになったのである。

現代とはまったく違う?! 江戸時代のお見合い事情

武家と異なり、町人同士の結婚は本人の意思で行なうことができたが、中流以上の家庭では、相手はだれでもよいというわけではなかった。それなりに商売の規模や家の仕事内容、財産、家格といったものが配慮されたのである。

そんな状況のもとで、世話をする仲人《なこうど》がいたりすると、見合いが行なわれた。見合いといっても、現代のように当人同士が顔を合わせて話をするというものではない。本当に互いを「見合う」、つまり容姿やしぐさを観察し合うだけだった。

見合いに使われる場所は、社寺の境内にある茶屋など、人がたくさん集まる場所にある店が選ばれた。浅草寺《せんそうじ》や上野寛永寺《かんえいじ》、両国の回向院《えこういん》などであった。それぞれの家が、家族で参詣《さんけい》に訪れた帰りに立ち寄ったというような偶然を装《よそお》って、同じ店に入るというセッティングがよく使われた。

また裕福な商家などの場合、芝居見物をお見合いに使うこともあった。それぞれの家が少し離れた桟敷席《さじきせき》を予約しておき、芝居の上演中にチラチラと相手を盗み見るといった調子である。

こうした見合いで縁組がととのうと結納《ゆいのう》の運びとなり、男性側が女性宅を訪れる。しかし、この儀礼には結婚する当事者は居合わせない。

このあと女性は持参金つきで嫁入りをするのがふつうで、その持参金の一割が、仲人に謝礼として払われる習わしだった。

こうした見合い結婚がふえると、やがて仲人を専門の職業にする人が現れる。彼らが報酬を得るためには、

お見合いは、本当に互いを「見合う」だけだった

なんとか縁組をととのえて婚礼までこぎつけなければならない。そこで、あれこれ言葉を飾って当事者をほめることになる。ここから生まれたのが「仲人口《なこうどぐち》」という言葉である。

なお、こうしてまとまった縁組でも、結婚生活がうまくいかず、不幸にして離縁になることはあった。そんなとき、嫁に落ち度がなければ、持参金は全額婿《むこ》の家から返却されるのが決まりだった。

江戸の娘が習い事に一生懸命だったワケ

いまも昔も、多くの独身女性は良縁を得て玉の輿《こし》に乗ることを夢見ている。また、自分の娘が玉の輿に乗ることを望まない母親もいないだろう。

江戸も中期の元禄《げんろく》時代には、多くの町人が自分の娘を武家屋敷に奉公させたいと願っていた。当時、江戸の町人の人口は、圧倒的に男性が多く、女性は全人口の三七パーセントほどだった。そのため町人の娘であっても、玉の輿に乗るチャンスがあった。そして武家屋敷への奉公は、その最大の近道だったのである。

武家屋敷に奉公に出された娘は、行儀見習いをしっかり教えこまれた。それも、町人の家とはまったくちがう高尚《こうしょう》な作法や教養を身につけることができたのである。

武家屋敷で働くことで、おのずと良縁に出会うチャンスも多くなった。

そこで、町家の親たちは、娘を武家に雇ってもらえるように、さかんに芸事を習わせた。武家屋敷の大名や旗本は、町方から女性の奉公人を雇ったが、三味線《しゃみせん》、琴、踊り、小唄、浄瑠璃《じょうるり》などの芸事が身についていることが採用の条件となることが多かったからだ。そのため、江戸時代にたくさんいた猛烈な教育ママは、娘にいくつもの芸事を習わせたのだ。

いっぽう、採用する側にも現代の企業を彷彿《ほうふつ》とさせる次のような話がある。

柳沢吉保《やなぎさわよしやす》の孫、信鴻《のぶとき》は、隠居《いんきょ》すると江戸駒込《こまごめ》の別邸、現在の六義園《りくぎえん》に住んだ。そのさい、女性の奉公人を大勢雇うことになり、娘たちの面接と実技テストを行なったと日記に記している。以後、信鴻は二〇年近くにわたって二五〇人近い町の娘と面接したが、この実技テストは彼の楽しみになっていたという。

柳沢家に奉公できれば名誉なことで、玉の輿により近づける。もっとも、思惑どおりに玉の輿に乗れる者は一〇〇人にひとりいるかいないかだったが、玉の輿に乗れなくても、何年か奉公していれば実家に戻るときには着物もたくさんたまるし、嫁入り道具も賜《たまわ》ることができた。

それ以上に、武家に奉公すると、町家とはちがう行儀作法や言葉づかいが身についたので、商家との良縁にめぐり合える可能性が高くなったのである。

現代の結婚式の原型となった婚礼のしきたり

江戸時代の結婚は、男女とも一三歳くらいになると許されたというから、現代とくらべるとかなり早い。武家ではだいたい一五〜一六歳くらいで婚礼が行なわれた。やや遅い傾向にあった町人社会でも、娘は二〇歳までに結婚するのがふつうで、この年齢をすぎると「年増《としま》」と呼ばれた。

では、じっさいに結婚する場合、婚礼はどのように行なわれたのだろうか。
江戸時代の婚礼はほとんどの場合、夜に行なわれた。これは男性を陽、女性を陰とする陰陽道《おんみようどう》の考え方にもとづいていて、陰である女性を迎えるのには夜が適しているとされていたからだ。

そのため、花婿の家が差し向けた駕籠《かご》が花嫁の家に到着するのは日が暮れるころだった。花嫁は駕籠に乗り、仲人に導かれて花婿の家に向かい、花嫁行列をするが、実家の両親は同道しないのが決まりだ。

花婿の家に着いた花嫁は、家の門をくぐる前に「入家式」をする。入家式は花嫁が花婿の家の人間になるための最初の儀式である。ここでは花嫁が花婿の家の水を飲んだりした。

このあと花嫁の両親も到着して婚礼の儀式、祝宴と続く。これが現代の結婚式と披露宴ということになるが、このとき、花婿と花嫁の並び方が現代とはちがっていた。

現代では向かって左に花婿、右に花嫁と並ぶが、江戸時代には向かって左に花嫁、右に花婿と並んだのである。その日のうちに祝宴が終わると、いよいよ最後の儀礼、「床《とこ》入《い》り」を迎え、婚礼の儀式を締めくくった。

このように、江戸時代の婚礼は、現代と同じく一日で済まされた。じつは、婚礼が一日で済まされるようになったのは江戸時代からで、それまで婚礼の儀礼は何日にもわたって続くものだった。現代の結婚式が一日で終わるという形はこの時代に生まれたのである。

また、現在では六月の結婚式は「ジューン・ブライド」といわれ、この月に結婚式を挙げた花嫁は幸せになれるといわれているが、江戸時代には逆に、「この月に結婚すると幸せにならない」と避けられた月があった。それは三月。なぜなら桜の散る時期なので縁起が悪いと江戸の人々は考えていたからである。

江戸時代に存在していた「エッチ御法度」の日

江戸時代に庶民のあいだで広く支持されたのが庚申《こうしん》信仰である。庚申信仰では、人間の体内には「三尸《さんし》」という三匹の虫がいると信じられていた。

この虫は六〇日に一度訪れる庚申《かのえさる》の日の夜、眠っている人間の体から抜け出して天に昇り、天帝にその人間の犯《おか》した悪事を告げ口する。そして、告げ口を聞いた天帝によって、その人間の寿命が縮められてしまうといわれていた。そこから人々の長寿願望と結びついて信仰されるようになったのである。

信仰している人たちは、庚申の日の夜は眠ってはいけないとされていた。眠ればそのあいだに三尸が体内から出ていってしまうからだ。

そのため、庚申の日は、夜を徹して三尸を見張るというしきたりができた。この行為を「庚申待ち」と呼び、これを三回続けると虫は萎縮《いしゅく》してしまい、七回続けると退治できるとされていた。

さらに、庚申待ちの夜には絶対の禁忌《きんき》があって、たとえ起きていても、針仕事などの夜なべ仕事をしてはいけない。また、セックスもしてはいけないといわれていた。

そして、庚申の夜に交わらないという禁忌を破った男女から生まれた子どもは、成長してから盗人《ぬすびと》になると信じられたのである。

庚申の夜は、仲間たちと集まって夜を明かした

農家の女性が男性と対等の立場だった理由

城下町だった江戸では、武家の思想が優先され、どうしても男尊女卑《だんそんじょひ》の風潮が強かった。

町家では女性の絶対数が少なかったため、女房の力はかなり強かったが、表向きは女性の地位は男性より低いものと前提して、物事が決められたりしていた。これは、家庭での実態はちがっても、表面的には男を家のリーダーとして立てておけば、物事が丸く収まることを女性の側が承知して、あえて引いていたという見方もできる。さらに農村部では、女性の立場は必ずしも低くはなかった。その傾向は江戸を離れて地方へ行くほどはっきりする。

江戸とくらべて農村部の女性の地位が高かったのには、農村での生活が農業で支えられていたことが関係している。

一部の富裕な農家を除けば、たいていの農家は一家総出で田畑を耕《たがや》したため、年寄りも子どもも生産活動に組みこまれていたが、女性はそのなかでも貴重な労働力であった。

さらに特産品の栽培や、その加工品が多く市場に出回り、それにともなって細かい作業が求められるようになったため、女性の繊細《せんさい》さが欠かせなくなっていった。天候に恵まれず、米の生産高増の望めない東北地方で、とくに女性が男性と対等にあつかわれたのは、そんな事情もあったようだ。

漁村でも事情は同じで、魚を獲《と》るのは男でも、海産物を加工するような共同作業に、女性の力は欠かせなかった。漁獲《ぎょかく》にかんしても、海女《あま》として海に潜《もぐ》り、サザエのような収益率のよい海産物の漁獲高を伸ばしたりしていたのである。

江戸式お産スタイルは「座っていきむ」が基本

昔の日本人は、出産は血の穢《けが》れをともなうため忌《い》むべきことだと考えていた。そのため、出産のさいには、特別に「産屋《うぶや》」を設けて産婦を隔離《かくり》するという習慣があった。

江戸時代になるとこの習慣は薄れ、産屋を設けることはなくなっていった。代わりに母屋のなかに「産室」と呼ばれる部屋をつくるようになる。

とはいえ、出産を穢れとする考えは完全になくなったわけではなかった。産室の畳は上げられ、床板にじかにムシロを敷いただけの産室がしつらえられたり、妊婦の食事が別につくられたりしていた。

では、このような産室で行なわれた出産とはどのようなものだったのだろうか。

出産には産婆が立ち会い、妊婦は座位出産に臨《のぞ》んだ。妊婦は上半身を起こし、天井から吊《つ》るされた力綱《ちからづな》を握っていきんだ。上半身を起こした姿勢を保つための座椅子も考案されていたようだ。この座位出産は現代でも、妊婦にも胎児《たいじ》にも負担が少ない出産方法として知られている。

ただし、江戸の座位出産は現在の座位出産と異なり、産後に産婦が体を横たえることが許されなかった。背中にたたんだ布団を当てておき、日ごとに布団の厚さを減らして横たわれるようにしていった。そんな日がおよそ二一日続くのがふつうで、横たわれるようにな

産婦が産後すぐに体を横たえることはタブーだった

った日が同時に床上《とこあ》げとされた。

また、出産が無事に終わると、胎児を包んでいた膜《まく》や胎盤《たいばん》は土中に埋められた。埋められる場所は、産室の床下、母屋の入り口、便所の前などが選ばれ、新生児の父親が埋める役をつとめた。江戸の町では、この土の上を最初に通過した人や昆虫、犬猫などを、生まれた子どもが嫌いになるという迷信も存在した。

いっぽう、母親の胎盤と赤ん坊のへそをつないでいたへその緒は大切に保管された。一説には、成長して大病にかかったとき、煎《せん》じて飲ませると薬効があると考えられていたといわれる。

江戸時代の女性はこうしたお産を終えてはじめて、嫁《とつ》ぎ先の一員としての存在価値が認められた。江戸時代の女性にとって出産とはそれほど重要な一大事業だったのである。

赤ん坊の初おっぱいは母親以外の女性から…

将軍家や大名家では、跡継ぎが生まれても生母が育てることはあまり例がなく、ちょうど同じころに出産した女性が乳を与えるのが一般的だった。

この役回りの女性を「めのと」と呼んだ。それがもし、お乳だけでなく養育までを引き受けることになると「うば」と呼ばれた。文字にすればどちらも「乳母」である。

また、そうした上流階級以外でも、他人の赤ちゃんにお乳を与える女性はたくさんいた。いずれも、生母が病弱だとか出産時に死亡したというような不幸な場合に、生母の父親あるいは祖父母の家庭が乳母を雇ったのである。

このほか、長屋住まいの男やもめなどで、雇うお金がないときは「乳《ち》もらい」といって、無償で乳を分けてくれる人を探して頼んだ。

この「乳もらい」の相手は多くの場合、同じ長屋住まいの女房たちが探してきた。長屋の人間はお互いに協力しながら生活していたが、それがこういった場面にも見ることができる。

このように、江戸時代には父親ひとりでも子どもが育てられるような環境がととのっていた。しかし、それでも育てられない場合は、お乳の出る人のいる家に預けっぱなしになった。このケースは「里親」と呼ばれた。

こうした授乳《じゆにゆう》にかかわる生母以外の女性のほかに、新生児にとっては重要なもうひとりの女性の存在があった。それが「乳付《ちづ》け親」だ。江戸時代には赤ちゃんが生まれてはじめて飲むおっぱいは、生母以外の人のものというしきたりがあって、その役をつとめた女性をこう呼んだのである。

「三行半」で手続きがすむ庶民の離婚はお手軽だった?!

現代では、結婚のときより何倍ものエネルギーが必要になる離婚だが、江戸時代には、俗に「三行半《みくだりはん》」と呼ばれた離縁状を夫が妻に渡せば、すぐに離婚することができた。

離縁状をなぜ「三行半」と呼んだかというと、「あなたとは縁あって二世を契《ちぎ》ったが、このたび離縁することにした。今後どこかよそへ嫁ぐことがあっても少しもかまわない。そのことを一筆記しておく」といった内容の文章が、ちょうど三行と半分くらいで終わったからである。

これでわかるように、離縁状にいちいちその理由を書く必要はなく、もし書いたとしても「縁がなかった」程度で許された。

ただし、離縁状に離婚理由を書かなくてもよいとはいえ、それなりの理由は必要だった。当時「七去《しちきょ》」と呼ばれたその理由とは、夫の両親に従順でない、子どもを

「妻」のほうから離婚できる条件

①妻の承諾なしに、夫が妻の持参財産を質入れしたとき

②別居、もしくは音信不通が3〜4年続いたとき

③髪を切って、一生尼になってでも離縁したいと考えたとき

④夫が家出して、1年が過ぎたとき

⑤駆け込み寺へ行って、所定の期間が過ぎたとき

産めない、口数が多い、盗みをする、淫《いん》乱《らん》である、嫉妬《しっと》深い、悪い病気にかかった、というもので、この七つのうちひとつでもあげられれば、妻の実家も納得するしかなかった。

また、離縁状は妻の〝再婚許可証〟といった意味合いも持っていたため、再婚について依存はないという内容は必ず必要だった。

こうした離縁状はきちんと文字が書ける人の場合の話だが、無筆と呼ばれた文字を学んだことのない長屋住まいの男性が女房に去り状を渡したいときは、どうしたのだろうか。

このような場合は、たとえばお釜とお椀の絵を描いたりした。これが「かま・

わん」という絵文字となり、再婚許可証と認められて離縁が成立したというから面白い。

見つかれば即死罪！命がけだった不倫の実態

既婚者が配偶者以外の者と男女の関係を結ぶことを「密通《みっつう》」といい、江戸時代には大罪とされた。いまでいう不倫《ふりん》である。

もし、床を伴《とも》にしている現場を夫が取り押さえたら、その場で密通していた男女を斬り捨てても罪には問われなかった。これは、寛保《かんぽう》二年（一七四二）の『公事方《くじかた》御定書《おさだめがき》』にある夫の報復権という権利である。

この報復権は、身分に関係なく認められていたが、武士以外の身分では帯刀《たいとう》を許されていなかったため、現実には間男《まおとこ》をその場で斬り捨てるなどという芸当はできなかった。そこで庶民は、間男を町役人に突き出すという方法をとるのが一般的だった。

役人に引き渡された男女には共に死刑が言い渡された。女が斬首《ざんしゅ》に処されるのにたいして密通した男の罪は重く、市中を引き回されて恥をさらされたあげく、斬首となった。そのうえ、斬首された首は、三日間もさらされた。

これほど密通にたいして厳しい処罰を下したのには、江戸時代に広く浸透していた儒教《じゅきょう》思想で、貞操《ていそう》が重んじられていたことが関係している。また、国文学者・暉《てる》峻康隆《おかやすたか》著『江戸の素顔』（小学館）によると、当時は長男が家督《かとく》を継ぐ定めだったため、夫の実子ではない長男が生まれては何かと問題となるという理由から、厳しく妻の貞操が求められたという。

しかし、やはり死罪では罪が重すぎるということで、しだいに当事者同士で密通を示談にする方法がとられるようになっていった。つまり、お金を払うことにより、斬り捨てにされたり、町役人に突き出されて死刑にされることを免《まぬか》れようとしたのである。

密通の示談として払われるお金を「首代」といい、相場は七両二分だった。いまならおよそ七〇万〜八〇万円相当である。親戚縁者などが立ち会い、首代を支払うことで密通の事実を闇に葬《ほうむ》ったのである。

とくに名誉を強く重んじていた武家にとっては、一門から密通者が出ては家の恥となる。なんとか密通したことを公《おおやけ》にしたくはなかったのでこのような方法が多くとられた。

叶わぬ愛を遂げる心中の正しいお作法とは

遊女と客の情死をテーマにした『曾根崎心中《そねざきしんじゅう》』や『心中天網島《しんじゅうてんのあみじま》』などの心中物の戯曲《ぎきょく》が、江戸時代中期に大人気になった。浄瑠璃や歌舞伎で公演されると、これらの演目に共感した人々のあいだで〝心中ブーム〟が起こり、幕府が心中物の上演を禁じるほどであった。

「心中」とは情死を意味し、この世で結ばれない男女が、来世で結ばれることを願って一緒に死ぬことだと一般的には知られている。だが、じつは心中とは死ぬことだけを指すのではない。心のなかで決めた義理を立てることや、相手を思う気持ちを見せ合うことが、本来の心中という言葉の持つ意味なのである。

では、具体的に「心中」には、どのような方法がとられたのだろうか。

まずもっとも軽い心中が、愛の誓いの言葉を書きとめること。針で指を刺し、出てくる血で文字を書いたりした。これを「起請文《きしょうもん》」といった。

次が「断髪」。これは髪を一束切って相手に渡すことだった。髪には魂が宿るとされていたから、渡すのも受け取るのも勇気がいった。

また遊女は共犯意識を持たせようと自分の髪を客に切らせることもあった。髪は遊女の分身だから、客に持たせることによって、いつでも一緒にいるという気持ちにさせたのである。

さらに、爪《つめ》をはいで相手に渡す「爪はぎ」という方法もあった。これはかなり苦痛をともなうので、そのぶん誠意を強く訴えることになる。だが、多くの場合は本当に爪をはぐのではなく、前もって爪を伸ばして切っておき、その場で自分の爪をはいだように見せかけたりした。

爪はぎの上が「指切り」である。小指の第一関節から切り、その指を相手に与えるというものだ。この方法は両者に強い決意が必要だ。だが、これもじっさいに指を切った者は少数で、死体の指を集めたり、つくられたニセ物を渡したといわれている。

このほか、相手の名前を腕や背に彫《ほ》る「入れ墨《ずみ》」も行なわれていた。一度彫ってしまうと簡単には消せないので、生涯の愛を誓う何より強い意思表示になった。彫り入れた文字は、たとえば「○さま命」というようなもので、男の名前の頭文字を「命」という字と続けて彫り入れたりした。「命に代えて」「命限りに」という思いがこめられている。

これらの心中の最後が、死の心中であった。したがって、心中といっても、いきなり情死をするのではなく、軽い誓いから重い誓いへとじょじょにいたり、その行き着く果てが死であったというのが正しいとらえ方なのである。

六章

江戸の年中行事の決まりごと

◆生活に〝うるおい〟をもたらす！

参拝する神社が毎年変わっていた初詣

お正月がめでたいというのは、ただ新しい年を迎えるからだけではない。その年の「歳神様《としがみさま》」がわが家にやってくるからという意味もあるのだ。

歳神様とは、大晦日《おおみそか》の夜に恵方《えほう》より各家庭を訪れ、その家に一年間の健康と幸福を授《さず》ける神様である。

かつては、どこの家にも神棚があり、年があらたまるとそこに歳神様がやってくると考えられていた。いまでも戸口にしめ飾りをするのは、家のなかに神様を迎えるための場所をつくってありますよ、という印の名残《なごり》なのである。

この歳神様のうち、陰陽道《おんみようどう》では、とくにその年の福を招く神様を「歳徳神《としとくじん》」といい、歳徳神がいるとされる方角を「恵方」と呼んだ。

恵方という言葉は、節分の日の恵方巻きのおかげで、近年は耳になじんだ人も多いだろう。海苔《のり》巻きを丸かじりするときに恵方の方角に向かうと福が来るといわれている。

そして、この恵方が重視されたのが、江戸時代の初詣《はつもうで》なのである。人々はわが

「恵方」とは？

恵方＝その年の良い運気の方位。何か大事なことをするときに、その方位で行なうと良いとされる

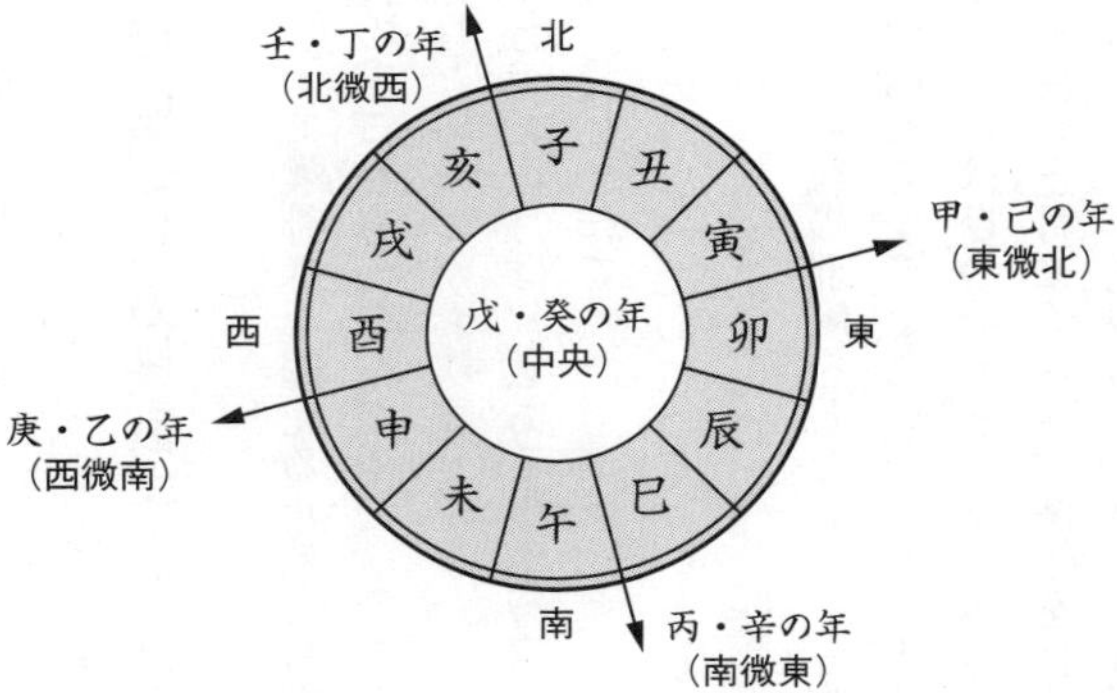

家から恵方に位置する神社を初詣に選んだ。歳徳神のいる神社に参り、一年を平《へい》穏《おん》にすごせるよう祈ったのだ。

恵方の方角は、陰陽五行説から生まれた暦《こよみ》の十干《じっかん》（甲《きのえ》・乙《きのと》・丙《ひのえ》・丁《ひのと》・戊《つちのえ》・己《つちのと》・庚《かのえ》・辛《かのと》・壬《みずのえ》・癸《みずのと》）による年回りで毎年変わる。そのため、暦を見ては、今年はこの方角にある神社、来年はあちらの方角の神社というふうに、江戸の人々は年ごとに初詣に出向く神社を変えていたのである。

江戸時代には新年の行事として定着していた恵方参りという習慣は、大正時代に全国の神社が政府によって格付けされたことをうけて忘れ去られていく。

やがて現代のように、大きく有名な神

社への初詣が主流となっていったのである。

正月の過ごし方は、武士と町民で正反対?!

家族そろって歳神様を迎える年越し料理を食べ、朝まで起きているのが庶民の大晦日の夜の過ごし方の基本だった。そのため、朝になってお雑煮《ぞうに》で新年を祝ったあとは寝正月というのがお決まりだった。

庶民にとって正月は、数ある年中行事のうちでも格別な日で、とにかく働かないことが第一義とされていた。

台所仕事をしないためにつくりおきしたおせち料理を食べ、酒を飲んで眠くなれば、ごろ寝して三が日をすごした。掃除などもちろんしなかった。

子どもたちも親の邪魔をしないよう室内で静かに遊ぶか、せいぜい家の前で羽根つきやコマ回しをするくらいだった。当然出歩く人もおらず、いつもは往来の激しい地域でも、道はひっそりと静まり返っていた。

こんな町民の正月にくらべ、多忙を極めたのが武士である。大名や大身《たいしん》の旗本たちは将軍への年賀拝礼があり、早朝から正装して登城《とじょう》しなければならなかった。

下級旗本は、そんな直属の上役《うわやく》がいれば手伝いをしなければならず、こちらも早くから登城する必要があった。しかも正月の登城ともなれば衣服もととのえねばならない。そのために金銭的に無理を強《し》いられる者も少なくなかった。

さらに、武士の正月の仕事は登城だけでは終わらない。城での用事が終われば、上役の家へ行き、年始の挨拶をすることがしきたりだった。下級であるほど上司は多く、あちこちに点在する屋敷を何軒も挨拶回りしなければならないから、休む暇などない。

しかも、年始挨拶に訪ねたとしても、その上役もさらに上役の家を回っていて留守にしていることが多く、玄関先で口上《こうじょう》を述べるだけだ。訪問先では正月料理のふるまいどころか、お屠蘇《とそ》もお茶も出ないから、武士にとっては大変な一日だったのである。

お金をあげることではなかった「お年玉」

いまではお年玉といえば、正月に大人が子どもに金銭を与えることを指すが、江戸時代には別の意味を持っていた。

そもそも、お年玉という行為の起源は室町時代末にはじまった習慣にあるとされている。そのころは大人から子どもへというのではなく、宮廷や武家といった上流階級の大人同士が、階級を問わず正月の祝儀《しゅうぎ》を贈り合っていたのだ。

江戸時代になっても、武士が新年に他家を訪問するときは、贈り物を持参するというしきたりは続いた。ただし、この習慣が「お年玉」と呼ばれていたわけではなかった。

お年玉という言葉は、武家や庶民の身分を問わず、正月儀礼のなかで使われていた。新年に歳神様を迎えるために用意したお供えのお下がりを家族などで分け合うこと、あるいはそのための儀式を、歳神様の賜《たまわ》り物《もの》、あるいは歳神様の魂をいただくという意味で「としだま」と呼んでいたのだ。

「としだま」の中身は地方によって異なるが、たいていの地域では餅《もち》が「としだま」と呼ばれていたようだ。年末に用意して供えた餅を、元旦に雑煮にして食べたのである。

また、このような贈り物と「としだま」の習俗のほかに、商家でも町屋でも農家でも、新年には奉公人や子どもたちに着物を新調し、なにがしかの小づかいを与えることはしていた。ふだん給金のない商家の小僧《こぞう》や丁稚《でっち》、そして、家の手伝いをするのは当然でも小づかいなどもらえない庶民の子にとって、正月はお金を手にできる少ない機会だったのである。

初夢で一年を占っていた江戸っ子たち

初夢にいい夢を見るのが一年の吉兆《きっちょう》だという発想は、じつは中国伝来のもので古くからある。室町時代には、いい初夢が見られるお札として宝船の絵が出回るようになっていた。これは宝を満載した船に七福神が笑顔で乗っているというもので、枕の下に敷いて眠るとよいとされていた。

そのお札を枕の下に敷く日は、初夢というからには一月一日の夜だともいうが、二日の夜という説が主流である。一月二日には書初《かきぞ》めのような稽古《けいこ》始めのしきたりがあったため、夢も二日の夜に見るのが初夢だとされたのである。

江戸時代になると、初夢として縁起のいい順に「一富士《いちふじ》、二鷹《にたか》、三茄子《さんなすび》」がいわれるようになる。三つの品は、いずれも江戸幕府を開いた徳川家康にちなんだものといわれている。

家康が晩年をすごした駿河《するが》の国からは富士山が望め、足高《あしたか》（鷹）山があり、特産品だった初茄子の値段が高かった。そこからいわれはじめたと、『甲子夜話《かっしやわ》』という文政期《ぶんせい》（一八一八〜三〇）に書かれた書物には記されている。また、富士は「無事」、鷹は「志高く」、茄子は「事を成す」にかけた単なる語呂合わせという異説もある。

さらに、「一富士、二鷹、三茄子」のあとには「四綿、五煙草《キセル》」が続くともいわれている。これらも駿河の国の特産品だというのがその理由である。ただ、これにも「四扇、五煙管、六座頭」と続くという異説がある。いずれも宴会には必需品《ひつじゅ》であり、縁起がいいとされたからだ。

現在も続く「うそ替え」は恋の行事

「うそ替え」とは、毎年一月二四・二五日の両日、亀戸《かめいど》天神で行なわれる神事の名である。うそ替えが行なわれる日、神社の境内ではスズメに似た小鳥、鷽《うそ》をかたどり、赤や緑に彩色した小さな木製護符《ごふ》が売られている。

江戸時代には、武士も町人も入り交じって、買い求めた護符を着物の袖《そで》に隠し、「替えましょ、替えましょ」と念仏のように唱えながら境内を歩いた。そのあいだにだれかとぶつかると、ぶつかった相手の持っている護符と自分の護符を交換する。この「知らない者同士がぶつかるたびに次々と護符を交換していく」行為で、これまであった不運と思えるものを嘘《うそ》にして、幸運に変えてしまうことができると考えられていたのだ。

発祥は九州の太宰府《だざいふ》天満宮。新年七日目、前年についた嘘を天神様の誠意を借りて誠《まこと》に変えるという意味をこめてはじめられた。そして京都の北野天満宮でも行なわれるようになり、同じ菅原道真《すがわらのみちざね》を祀《まつ》る天満宮だからということで、江戸の亀戸でも文政三年（一八二〇）からはじめられて人気になった。

「うそ替え」には「鷽」をかたどった護符が欠かせなかった

この神事が人気となったのには、凶運が吉運に変わるというご利益《りやく》以外にも理由があった。ぶつかった人と護符を交換するという行為をいいことに、ふだんから気にかけている異性にわざとぶつかって、その人の護符を持ち帰ったりしていたのである。

「うそ替え」は主君の娘と家臣、大店《おおだな》

のお嬢様と奉公人といった身分のちがいを気にすることなく、相手に接することができる数少ない機会だったのだ。

現在では、このような人同士の護符の交換は行なわれておらず、神社を訪れて、買った護符を前年に買ったものと交換するという方法がとられている。

七夕には長屋全員で井戸掃除

七月七日に行なわれる七夕《たなばた》の風習は、ふたつの話がもととなって生まれた。ひとつは天帝の怒りを買ったために天の川をはさんで引き離された夫婦星が、年に一度だけ天の川にかかる橋で会うことを許されたとする中国の牽牛星《ひこ》と織女星《おりひめ》の伝説だ。

そしてもうひとつは、神の怒りを受けた村のために、神の一夜妻になる運命を受け入れたとする日本の棚織津女《たなばたつめ》（「棚機つ女」とも書く）の伝説である。

こうした伝説から生まれた七夕の風習は、江戸時代にはすでに存在していた。その内容は笹竹に願い事を書いた短冊《たんざく》を吊《つ》るすという、現在と同じものである。寺子屋の子どもたちが習字上達を願って短冊を吊るしたといわれている。

また、この七夕の日は長屋に住む庶民にとって、大きな行事のある日でもあった。

長屋の人間は共同で井戸を使っていて、その井戸を毎年七月七日に掃除したのである。この井戸掃除のことを「井戸替え」といった。

井戸といっても、江戸の井戸は現在のように地面を深く掘って湧《わ》き水《みず》を利用する掘抜《ほりぬ》き井戸とはちがい、多摩川から引いてきた水をためただけの簡素なものだったので、時間がたつと沈殿物《ちんでんぶつ》が出たり、濁《にご》りが生じたりしたのだ。

そこでたまっている井戸の水をすべて汲《く》み出し、沈殿物や間違って落としたものなどを取り除き、樋《とい》の掃除をする井戸替えが年に一度必要だったのである。

大名屋敷や大店などは自家専用の井戸を設けているが、長屋は共同井戸だったため、専門の井戸替え職人を雇って、住民全員参加で行なった。

長屋の住民の仕事は井戸の水をすべて汲み出すこと。汲み出した水はあたりにまいてしまうから一面が水浸《びた》

「井戸替え」は長屋の大イベントだった

しになる。それでも七月七日はちょうど夏の盛りだから水遊びみたいなもので、長屋の住民はきつい作業も楽しみながら行なった。

そして一日がかりの井戸替えが終わると、井戸の清めに使ったお酒のおさがりをいただく宴会が待っていた。長屋に住む者にとって、この宴会は何よりの楽しみとなった。

このように、必要に迫《せま》られての行事ではあっても、それを祭りのようにして楽しむのが江戸の庶民の心意気だった。また、大名屋敷や大店でも井戸替えは行なったが、こちらは専門職人任せが多く、長屋のような集団で楽しむ行事とはならなかったようである。

江戸時代のお月見は二度あったって？

年に一度、旧暦の八月一五日の夜に月を眺《なが》める行事が「お月見」である。しかし、江戸時代には、旧暦の八月一五日と九月一三日の二度、お月見が行なわれていたといったら驚くだろうか。

お月見は、古代に庶民の農業祭祀《さいし》の神事として行なわれていたのがはじまりだ。

このときのお月見は旧暦の九月一三日の「十三夜」に月を眺めることだった。それが平安時代ごろに風流な季節行事となり、宮中など上流階級のあいだで月見の宴《うたげ》が開かれるようになっていった。

また、ちょうどそのころ、中国大陸から旧暦八月一五日の「十五夜」に月見をする習慣が渡来してきた。そして、すでに日本古来の「十三夜」のお月見の習慣があるにもかかわらず、あとからきた「十五夜」の習慣も定着したのである。そのため、お月見が年に二度行なわれるようになったというわけだ。

では、江戸の町ではじっさいにどのようにお月見を行なっていたのだろうか。江戸の町ではお月見の夜には武家も庶民もお神酒《みき》や月見団子などを供え、ススキを飾り、月を愛《め》でた。そして、八月一五日の「十五夜」を祝った者は、必ず後の九月一三日の「十三夜」も祝うようにした。

これは、どちらか片方のお月見だけを祝うのは「片見月」と呼ばれ、江戸では、不吉なことが起こるとして避けられたからだ。もちろん、「十五夜」を祝わなかった者は、「十三夜」も祝ってはいけなかった。お月見が二度あるからこそ生まれたルールといえる。

とはいうものの、「片見月」を嫌ったのは江戸だけのことで、大坂を中心とした近畿では八月の十五夜だけを行事としていた。

七五三が十一月十五日に定められた理由

子どもの成長を祝う人生の通過儀礼として、古代から現代に続いているのが「七五三」である。子どものすこやかな成長を願う気持ちは、いつの世も変わりがないということだろう。

さらに、江戸時代にはじまり、いまも変わらないのは十一月十五日が七五三のお祝いの日ということである。

それまでの七五三は、正月や誕生日など、それぞれの家がキリのよい日、縁起のよい日を選んで執《と》り行なっていた。それが十一月十五日と定まったのは天和《てんな》元年（一六八一）。五代将軍綱吉が、息子の徳松の祝い事をこの日に行なったため、子どもの成長を祝う日として習慣となった。

綱吉がこの日を選んだのは、陰陽道が定めた最大吉日《きちにち》のひとつだったからだ。「大《だい》嘗会《じょうえ》」という天皇一代に一度しか行なわれない儀式も、たびたびこの日に行なわれている。

また、現代の日本ではズボンを左からはく人が多いが、この習慣は袴《はかま》を左からはく決まりがあったことに関係しており、こうしたしきたりが江戸時代の七五三のひとつ、「男児五歳の袴着《はかまぎ》」にも見ることができる。袴着では子どもを恵方に向かって碁盤《ごばん》の上に立たせ、袴をはかせる。そのとき、必ず左足からはくことが決まっていたのである。

そもそも、武家の礼法では行動を起こすときは必ず左足からというのが習わしだった。何かの行動を起こした瞬間は隙《すき》ができやすいので、いつでも刀を抜いて踏み出せるよう、右手右足を自由にしておかなければならないとされていたからである。そこで袴に足を通すときも、羽織《はおり》の袖《そで》に手を通すときも、左が先と体に覚えこませたのだ。

女性の〝成人式〟だった「十三参り」

子どもの成長を祝う儀式としては「七五三」ほど定着していないが、いまでも「十三参り」の風習を残している地域がある。これは無事に一三歳まで育った子に、今度は知恵と福徳を授《さず》けてくれるよう祈願するもので、江戸時代にはさかんに行なわれた。つまり一三歳は、これからは一人前の人生を送るべき、という節目の年齢と当時の人は考えていたわけだ。

数え年の一三歳といえば、女性がちょうど初潮《しょちょう》を見るころ。肉体的にも一人前の成人とみなしていい。だからこの年になると結婚も許されたのである。

また、成人として結婚できる目安として、年齢のほかにも家事がこなせることがあげられた。男は仕事で稼ぎ、女は家を守って家事を仕切るという役割分担がはっきりしていた江戸時代ならではの目安である。

そのため女の子は五歳になると針を持たされ、古布で雑巾《ぞうきん》を縫うことから裁縫《さいほう》の稽古をはじめた。家事のなかでも、裁縫の技術は嫁入りの必須条件として、重要視されたからである。運針《うんしん》がきちんとできるようになると、次は裁縫の師匠のところへ通う。少なくとも一三歳の祝いまでに、ひととおりの技術を身につけておくためだ。その技術とは「単《ひとえ》の着物を一日で仕立てられること」が基準だった。

酉の市の「熊手」に込められた意味とは

「酉《とり》の市《いち》」と聞くと、いよいよ年末が近いことを実感して、正月を迎える準備に心急《せ》かされる商売人が少なくない。

酉の市とは、一一月の酉の日に各地にある大鳥《おおとり》（鷲）神社で立つ市のこと。この市では、商店や飲食店の経営者などが、さまざまな飾り付けがなされた熊手を買い求め、商売繁盛を願った。

酉の市のルーツは江戸時代にある。享保《きようほう》二〇年（一七三五）に江戸郊外の花又村（現・足立区花畑）にあった鷲大明神の祭礼のときに立った市がはじまりといわれている。

その祭礼は農村の収穫祭として行なわれたもので、鶏《にわとり》を奉納するためにやってくる人を相手に、農機具や農作物、その他の雑貨や古着までを売る市が出たのが最初だった。

そのなかには、竹製のほうきやザルに交じって、落ち葉をかき集めるのに都合のいい熊手もあった。そして熊手は、「福をかきこむ」「運を取りこむ」道具として、しだいに縁起物とみなされるようになり、酉の市の目玉商品に育っていった。

おかげで市はにぎわい、賭博《とばく》が開帳《かいちよう》されるほど人を集めたことが、幕府によって禁止令が出されたという記録からもうかがい知ることができる。さらに、熊手にはいろいろな工夫が凝《こ》らされるようになり、宝船に乗った七福神というおなじみの絵柄や、米俵と稲穂、大判小判、松竹梅、メデタイにかけた鯛。さらには、望みがかなうという伝説の打《う》出《ち》の小槌《こづち》や招福を象徴するといわれるお多福《たふく》の面など、江戸庶民の喜びそうな、考えつく限りの飾りつけが施《ほど》こされていった。

花又の鷲神社にはじまった市は、やがて熊手人気とともに、浅草をはじめ、巣鴨《すがも》、四谷《よつや》、深川《ふかがわ》といった江戸で「おおとり」を名乗るほかの神社でも開かれるようになった。その伝統を受け継いで、いまでもにぎわい続けている一番人気は、浅草の鷲神社で開かれている酉の市だ。

熊手はできるだけ値切って買うものという江戸時代からの習慣にもとづき、売り手との交渉を楽しむ人も少なくない。その交渉が成立したとき、市の売り手がシャンシャンと手拍子してくれるしきたりも昔ながらである。

威勢のいい手拍子は商売繁盛を願うもの

節分の豆まきは十二月に行なわれていた

今日では「鬼は外、福は内！」と声をあげながら豆まきをする節分は、立春《りっしゅん》の前日にあたる二月三日前後である。しかし、江戸時代は十二月に、新年を迎える行事のひとつとしてとり行なっていた。

そもそも、節分の豆まきは平安時代の大晦日の宮中行事である「鬼やらい」を受け継いでいる。鬼やらいとは鬼に扮《ふん》した者に豆を投げつけて追い払うという行事。新年を迎えるにあたり、鬼が象徴している病気や災害などの災厄《さいやく》が来ないよう追い払い、新年の福を迎えようとした。江戸時代でもそれは変わらず、師走《しわす》のあわただしいなか、豆まきが行なわれていた。

それがなぜ現在のように二月に行なわれるようになったのだろうか。これには、明治維新で旧暦が新暦に変わったことが関係している。

旧暦では節分は十二月の十二日から二八日あたりに迎えていたが、新暦になると立春が二月になったため、その前日にあたる節分も同様に十二月から二月になったのだ。いまでも年賀状に「新春」や「初春」「迎春」という言葉を使った挨拶文を書くのは、正月がすでに暦《こよみ》の上では春になっていた旧暦時代の名残なのである。

節分とは、元来が春夏秋冬の四季を暦のうえで区分する立春・立夏《りっか》・立秋《りっしゅう》・立冬《りっとう》の前日を指し、年に四回ある。それが冬と春を分ける節分にだけ豆まきという行事が生まれたのは、新年を迎えるための儀式だったからだ。

江戸の町家では、厄を払う豆をまくほか、悪霊払いに効き目があるといわれるヒイラギの葉にイワシの頭を刺して門口に吊るしたりした。また現代と同様に、自分の年齢よりひとつ多い数の豆を食べた。

豆には再生・増殖の霊力があると信じられていて、年齢を重ねて磨《す》り減った力を豆で補《おぎな》い、さらにひとつ多く食べることで新年の活力を得られると考えられていたのである。

十二月十三日には庶民も武士も揃って大掃除

新しい年を迎えるために、今年ついた家中の汚れを落としておこうと行なう年末の大掃除は、江戸時代からいまも続く日本の習慣だ。

家庭ごとに主婦が中心になって、今日は水回り、明日は窓ガラスなどと少しずつきれいにしていく例が多いが、江戸時代は十二月十三日を「すす払い」と呼んで、その日に武家も寺社も町屋もいっせいに大掃除を行なった。

このような「すす払い」の日が決められたのは、江戸城が寛永《かんえい》一七年（一六四〇）に十二月十三日に大掃除をするのを恒例としたのがきっかけである。

その後、日にちをそろえて武家屋敷でも大掃除をするようになり、やがてその習慣が町屋にも広がった。その結果、長屋に暮らす庶民のあいだでも「すす払い」の日として定着したのだ。

大掃除は、葉のついたままの篠竹《しのだけ》を使って、壁や天井についたススを払うのがまず一番の作業だった。「すす払い」という名前もそこからきている。ほかにも障子を張り替えたり、カマドにたまった灰をかき出したり、歳神様を迎えるための神棚をしつらえたりした。

これに合わせ、すす払いの日の数日前から篠竹売り

身分を問わず
掃除に精を出した

が現れた。また、神棚やカマドに貼り替える新しいお札《ふだ》を売ったり、古くなったお札を引き取るといった商売も生まれている。

一年間使ったお札を引き取ってもらうことは一年の祓《はら》えの儀式でもあり、ここから「すす払い」は、正月にかんして行なわれるさまざまな神事の最初の行事としても認識されていたようだ。

商家では「すす餅」をついて神への供え物としたり、食膳にはその日だけの特別なごちそうを出したりした。このように江戸時代の大掃除は一種の季節行事として親しまれており、町人たちは祭り気分でこの日をすごしていた。

大晦日は借金取りが町を駆けめぐった

江戸庶民の生活は、一部の富裕層を除き、けっして楽ではなかった。大晦日には、借金取りが町を駆《か》けめぐり、町人はそれを何とかしのごうと必死だった。

当時の借金の支払い方法は、盆と暮れの二季払いというのがしきたりだった。とくに大晦日は一年の総決算。すべてを清算するので、取り立てるほうも返さなければならないほうも大変だった。

貸したほうは、新年を迎えるためには、最後まで走りまわって借金を徴収しなければならない。また、返すほうも、朝から走りまわって金を工面《くめん》し、何とか返さなければならない。返せない者は、言い訳をしてまわるのに大わらわになった。

この時代の川柳や狂歌《きようか》、落語などにも、大晦日の掛け取《かと》り（取り立て）の様子を題材にしたものが多く、当時の世相をよく表している。

借金取りから逃れようと、あの手この手の言い訳をする夫婦をテーマにした落語『掛取万歳《まんざい》』では、大晦日に借金を返せない夫婦が、掛け取りの好きなものでごまかそうとする様子が語られている。狂歌に凝《こ》っている狂歌好きには狂歌でごまかし、喧嘩《けんか》好きな魚屋には喧嘩で踏みたおし、芝居好きには芝居の台詞《せりふ》でごまかし、万歳好きな三河屋には万歳でごまかそうとする、という話である。

また、川柳には、次のように詠《うた》った句がある。

病人にまやもののある大三十日《おおみそか》

「まやもの」とは「にせ者」のこと。病気のふりをして掛け取りをごまかしている様子である。また次のような句もあった。

寝るのにも二通りある大三十日

「二通りある」とは、仮病《けびよう》で寝るのと、仕事が終わって寝るのとの二通りで、これも掛け取りをごまかすために仮病を使っている様子を詠ったものだ。

江戸の大晦日は、夜明けまで借金取りと金を借りた町人のあいだで、すさまじい攻防が展開されていたのである。

七章

江戸の商いの約束ごと

◆アイデアに満ちあふれている!

新参業者は江戸で商売ができなかった?!

江戸時代の初期は、自由な商いが許されていたことから、多くの商人が江戸に集まった。年月の流れとともにその数はふくれあがり、競争が激化していった。

そこで、これ以上商人の数をふやさないために、商人たちは自分たちで勝手に「株《かぶ》仲間《なかま》」という同業組合をつくって営業権を独占した。営業権として株まで発行し、仲間以外の営業を取り締まったのである。さらに彼らは価格協定を結び、違反者を摘発した。

このような商人の台頭を見て、幕府ははじめ、こうした組織が発言権を持ち、幕府の脅威になることを恐れてたびたび株仲間を禁止した。

だが、株仲間は市場の安定化に大きく貢献していたので、享保《きようほう》の改革で「株仲間を組織化したほうがいい」という方針になり、公認されることとなった。八代将軍吉宗は、株仲間を奨励《しようれい》し、冥加金《みようがきん》、運上金《うんじようきん》と呼ばれた上納金を幕府に納めることを条件に販売権の独占などの特権を認めた。

冥加金とは、問屋仲間が流通市場を独占するために行なった幕府への献金であり、いってみれば自分たちから税金を納める義務を負ったことになる。この冥加金は、幕府にとって大きな財源となり積極的な商業政策をとった老中・田沼意次《たぬまおきつぐ》は冥加金・運上金の額を吊《つ》り上げて、幕府の財源をふやそうとしたので、特権商人と幕府の癒《ゆ》着《ちゃく》や賄賂《わいろ》政治がはびこることになった。

いっぽうで、冥加金は、しだいに株仲間にとって大きな負担になっていった。また、株仲間による流通の独占は、おのずと物価を高騰《こうとう》させていった。

そこで天保《てんぽう》の改革を行なった老中・水野忠邦《みずのただくに》は冥加金を停止させ、株仲間も解散させた。しかし、株仲間の解散によって起こった流通機構の突然の変化に市場が混乱をきたし、かえって物価の高騰が深刻化した。そこで幕府は、水野忠邦の失脚後、株仲間を再興している。その後、株仲間は明治五年（一八七二）にふたたび解散され、ついに復活することはなかった。

江戸のデパート「大店」は〝庶民お断り〟?!

江戸幕府が国の方針として外国との交通・貿易を禁じた鎖国令が敷かれると、海外に向かっていた商人の目が国内に向けられるようになった。また、交通網や流通機構がととのってきたことで、京都、大坂など上方《かみがた》には新興商人が興《おこ》ってきた。三井、鴻池《こうのいけ》、住友などがその代表格である。

いっぽう、江戸には、伊勢《いせ》、近江《おうみ》、京都、大坂などの上方の商人が進出してきて出店をつくった。

そのような上方の江戸店のなかでも、伊勢店は木綿、紙、荒物、水、油をあつかい、近江店は畳表、蚊帳《かや》、呉服、生糸《きいと》、麻などをあつかって、とくに繁盛した。呉服問屋は京都に本店がある店が多く、現在の三越の前身である三井越後屋もそのひとつである。

越後屋のほかに、上方に本店がある江戸の大店《おおだな》には白木屋《しろきや》、松坂屋《まつざかや》がある。これらの大店の繁盛ぶりは目をみはるものがあった。江戸店の一軒で数百人もの奉公人をかかえる大店も珍しくはなかった。

それでは白木屋や松坂屋で、一般の江戸庶民が買い物をすることはできたのだろうか。じつは、これらの大店は、当時の庶民が買い物できるような店ではなかった。現金取引はせず、盆と暮れの年二回に代金を回収する「信用取引」で商品を売るのが基本だったからだ。

そのため、商取引には信用が必要で、はじめてきた客には商品は売らなかった。

こうした大店が商売相手としていたのは、武家や富裕《ふゆう》な商人たちで、その日暮らしの庶民が、大店の信用を得ることなどできなかったし、大店の商品は高価で、とても庶民には買えなかった。

ただし、越後屋では、その場で商品を買うことのできる現金取引を行なっていた。この商法がいままでにない新商法だといわれ、おおいに繁盛した。

江戸庶民を相手に商売をしたのは、行商人や、家族だけで商売しているような小さな店で、米、みそ、魚、酒、野菜といった、生活必需品を販売した。また、家で手作りする居職《いじょく》の職人は、製品をつくりながら、その場で販売もした。

このように、江戸の町には、家族だけでつつましく商売する小商いの店が多かった。そして、この小商いの店々こそが、江戸の町の経済を根底から支えていたのである。

大店は「信用取引」が商いの基本となった

イキな計らいも多かった質屋の人情あふれる商法

目覚ましい経済発展をとげた江戸の町だったが、商人たちが豊かになっていくのとは対照的に、武家の生活はしだいに困窮《こんきゅう》の一途《いっと》をたどり、庶民の大多数もけっして楽な暮らしではなかった。

そんな町人や武士たちが、もっぱら頼りにしたのが質屋であった。現代の金融業者とはちがい、江戸の質屋は義理人情もあれば、信用で粋《いき》なはからいもしてくれた。また、質草《しちぐさ》の取りあつかいにも面白いしきたりがあった。

まず、質に入れてはならない物があった。武具、鎧兜《よろいかぶと》などと、徳川将軍家、尾《お》張《わり》・紀伊《きい》・水戸の御三家、諸大名の紋所《もんどころ》のある品の質入れは厳禁とされた。刀を預かるときは、縁頭《ふちがしら》（刀の縁と柄頭《つかがしら》につける金具）の材質と彫《ほ》り、目貫《めぬき》（刀身が柄《つか》から外れないように、留《と》め釘《くぎ》をさしこむ穴）の材質と形、刀身の長さ、鞘《さや》の色模様などをくわしく記述しなければならなかったが、銘《めい》（製造者名）は入っていても、絶対に書き記してはならなかった。

また、旗本の紋が入ったものも質草にしてはならないという決まりがあったが、現実には、質蔵には旗本の紋のついた品があったというから、旗本の困窮ぶりがわかる。

旗本がお金に困ったときは、長持《ながもち》（衣服などを入れて保管したり運搬する箱）に紙くずを入れて質屋に持ちこむこともあった。質屋は、中身が紙くずとわかっていても金を貸した。紙くずの入った質草を流してしまったら、いうまでもなくその旗本の家名に傷がつく。家名にかかわることから〝信用〟で金を貸したのだ。さらに、金銀や、豪奢《ごうしゃ》なものも質草として禁じられていた。

おかしな質草として、ふんどしがある。宿場の駕籠《かご》かきたちは、金がないと自分のふんどしを質に入れた。質屋も、このふんどしで一分の金（一両の四分の一）を貸したというから、きっぷがいい。

ふんどしを質に入れた駕籠かきは、新しいふんどしを締めることは許されなかった。これは駕籠かき仲間の掟《おきて》で、破れば仲間からリンチを受けることになったという。質屋も、この駕籠かきたちの仁義にたいして金を貸していたからだ。

もっとおかしな質草は、職人たちの月代《さかやき》で、職人たちは自分の月代を質入れした。これも受け出すまでは、絶対に月代を剃《そ》ってはならなかった。粋《いき》を尊《とうと》び、月代の剃り方にもこだわる江戸っ子にとって、これは、さぞつらかっただろう。

とことんまで使いきる驚きの江戸リサイクル事情

江戸時代の庶民の生活は、いまでいうリサイクル社会の理想モデルだった。現代とちがう点は、現代のリサイクルはゴミを減らすことが大きな目的だが、江戸の町では、物を大切に最後まで使いつくすという考え方が主流だったということだ。江戸庶民は、物を使い捨てることなどけっしてしなかった。いまよりはるかに物のない時代である。江戸庶民は頭をひねり、少ない物をとことん使いきっていたのだ。その賢い知恵には、文明社会の我々もかなわない。

まず、再利用の習慣が徹底していた。とくに衣類は大切にされ、くり返し着まわした。古着は洗い張り（糸を一度解いて着物をバラバラにし、反物《たんもの》の状態にして洗う）をし、ほかの着物に仕立て直した。ボロになった布は、雑巾《ぞうきん》、紐《ひも》、下駄の鼻緒《はなお》などに使いまわしてとことん再利用した。

当然、着古した衣類をあつかう店や市場もでき、おおいに繁盛した。それが質屋や古着市だった。江戸の古着屋は、衣類をさらに地方に運んで刺子《さしこ》（布地を補強するために細かく刺し縫いした衣服）などに再利用した。

紙も大事にされ、書き物に使った紙は捨てずに、襖《ふすま》の下張りや、包装紙、こよりなどに再利用。使い切ってやっとゴミになった紙くずは、紙くず買いが買って再生業者に渡し、漉返紙《すきかえしがみ》（漉き直してつくった中古の和紙）に再生されて売られた。

鍋・釜の鉄製品は溶解して、ふたたび鉄製品にして再利用。川の底に捨てられた鉄まで拾い上げる「よなげ屋」という業者まで生まれた。そのほか、古がね買い、蠟《ろう》買い、樽《たる》買い、古傘買いなどの、古物を買って再生する商売も繁盛した。

また、こわれた物を修理して使う習慣も励行《れいこう》されたため、修理業者が多く活躍した。煙管《きせる》の管を取り換える羅宇《ラオ》屋、鍋・釜を修理する鋳掛《いかけ》屋、下駄を修理する雪駄《せった》直しなどが店を出した。桶《おけ》屋は桶の箍《たが》を掛け替え、提灯《ちょうちん》屋は提灯の張り替えをした。欠けたりヒビの入った陶器の修理は焼接《やきつぎ》屋が行なった。

そのほか、こたつのやぐらを修繕するやぐら直し、そろばん直し、椀直しなど、暮らしに必要なあらゆる道具の修理屋が、江戸の町では大活躍していた。

これだけ徹底したエコ社会であれば、江戸の町にはゴミなどほとんどなかったように思える。しかし、それでもゴミを川筋《かわすじ》に捨てる者がいたようで、幕府は永代島《えいたいじま》をゴミ捨て場にするというお触《ふ》れを出している。

すると、江戸中のゴミ捨てと永代島の土ざらいを請《う》け負い、海を埋め立てて新田を造成する業者が現れた。江戸ではゴミまでも再利用されたのである。

奉公人の出世競争はこんなに過酷だった

長屋に住む庶民の子どもたちの多くは、一〇歳前後になると、大きな商家などに奉公に出された。関西では「丁稚《でっち》」、関東では「小僧《こぞう》」から奉公はスタートする。

修業時代は厳しく、一〇年間はご飯を食べさせてもらいながら「行儀見習い」ということで無給。さらに、最初の三年間は、里心がついてはいけないというので、実家に帰ることは許されなかった。三年がすぎると休みがもらえたが、正月と盆の年二回だけ。それも一日だけか多くても三日しかなかった。この年に二回の休みを藪入《やぶい》りといった。

正月の藪入りは一月一六日、盆の藪入りは七月一六日で、店の主人から着物と小づかいをもらい、親のもとに帰った。遠方の子は、藪入りの短い期間では帰ることができないので、「請け人」という保証人のところに挨拶に行くだけだった。

小僧の仕事はおもに雑用で、お使い、掃除、水まき、主人のお供など。そのあいだに商売を見て習い、夜は手代《てだい》や番頭に「読み書きそろばん」の勉強を教わった。

小僧(丁稚)から番頭になるまで

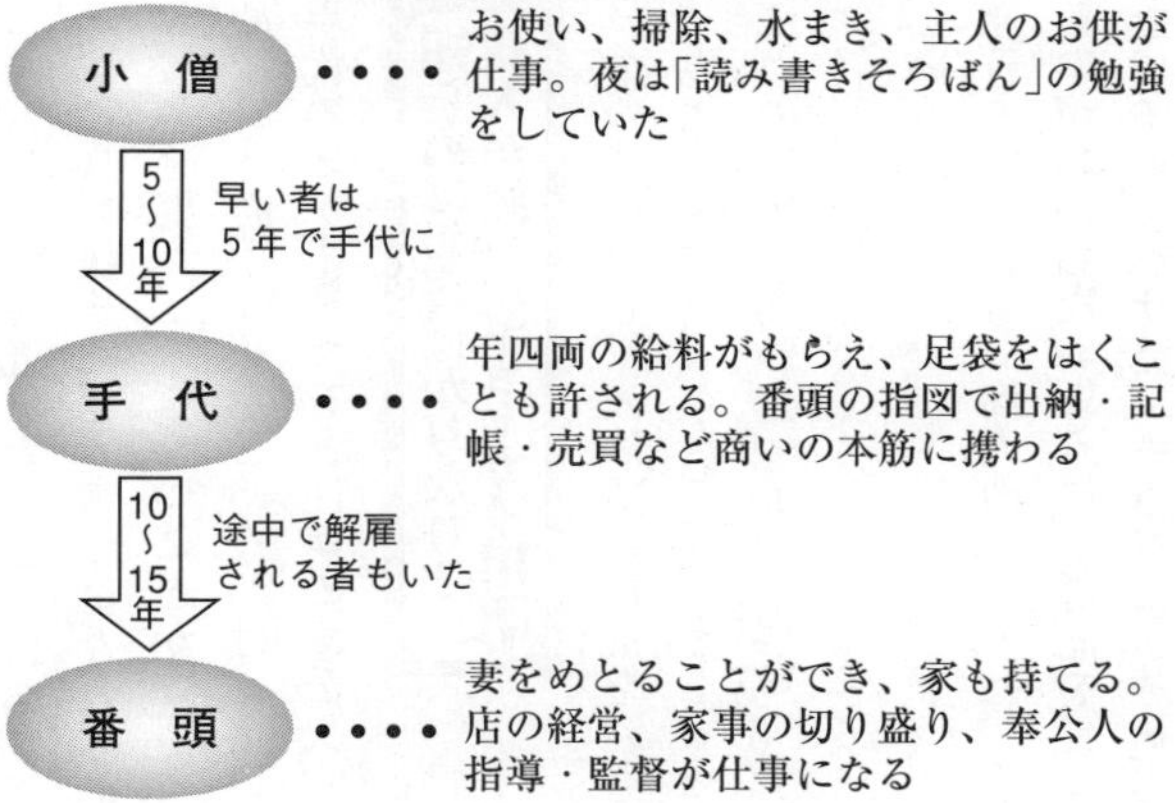
小　僧
お使い、掃除、水まき、主人のお供が仕事。夜は「読み書きそろばん」の勉強をしていた
5～10年
早い者は
5年で手代に
手　代
年四両の給料がもらえ、足袋をはくことも許される。番頭の指図で出納・記帳・売買など商いの本筋に携わる
10～15年
途中で解雇
される者もいた
番　頭
妻をめとることができ、家も持てる。店の経営、家事の切り盛り、奉公人の指導・監督が仕事になる

だから、外で遊ぶひまなどなかったのである。

五年から九年の奉公期間で手代《てだい》に出世する者もいたが、その人数は、小僧の三分の一くらいでしかなかった。

手代になると足袋《たび》がはけるようになり、年四両の給料も出た。さらには「初登り」という四〇～六〇日間もの長期休暇がもらえて、国に帰ることも許された。

しかし、帰郷しているときに、店から呼び出しの書状がくれば昇格だが、呼び出しがかからず、そのまま解雇されることもあった。解雇されてしまったら、再就職することは不可能だった。どんな店でも、ほかの店で解雇された者は絶対に雇わなかったからである。

この「登り」が五〜六年ごとにあり、それにパスすると番頭《ばんとう》に進む道が開ける。だが、これも狭き門で、番頭になれるのは二〇人に一人程度。番頭に昇格すれば、晴れて妻《めと》を娶り、家を持つことができる。とはいえ、妻は店の主人が国元から選ぶため、好き勝手な相手というわけにはいかなかった。

現代のビジネスマンと江戸の奉公人、どちらの仕事のほうがきついだろうか。

知らぬはお客ばかりなり？商人が使ったギョーカイ用語

いつの時代でも、人は話し言葉をおもしろおかしく変えて楽しむ風潮があるらしい。現代の若者は、どんどん言葉を変えて若者言葉をつくりだしている。

江戸の庶民のあいだでも、「逆言《さかごと》」という逆さ言葉が流行していた。いまも使う「だらしがない」という言葉は、なんと「自堕落がない（しだらがない）」の逆言だったという説がある。

逆言のほかにも、商人の世界では、店外の人が値段の話を聞いたり、帳簿を見ても数字がわからないように、隠語《いんご》を使っていた。越後屋では、一から一〇までの数字を「イセマツサカエチウシ（伊勢松坂越氏）」のカタカナで表し、白木屋は「エヒ

江戸時代の業種別隠語(数字の場合)

業種	1	2	3	4	5	6	7	8	9	10
木綿店	キ	千（せん）	原（はら）	夕（ゆう）	吉（よし）	大（たい）	才（さい）	末（すえ）	平（ひろ）	川（かわ）
紙問屋	イ	コ	ヨ	キ	久	位	ホ	千	リ	タ
書物店	ヲ	コ	ソ	ト	ノ	ホ	モ	ヨ	ロ	オ
魚問屋	イ	ロ	キ	ヨ	カ	ろ	矢（りや）	鉄（てつ）	へ	
瀬戸物	分（ふん）	厘（りん）	〆（かん）	斤（きん）	両（りょう）	間（けん）	丈（じょう）	尺（しゃく）	寸（すん）	
札差	ソク	フリ	キリ	ダリ	ガレン	ロンジ	セイナン	バンドウ	キワ	

札差とは、幕府から旗本・御家人に支給される米の仲介業のこと。
値を示す数字の隠語(符丁)は、業種ごとに特徴があり、店外の人に値段の話を聞かれたくないようなときに使われていた

※『江戸自慢』の「諸商人通用賦帳附集」より

スタイコクテム干（恵比寿大黒天像）」といった。

また、白木屋では「仙の字」は食事のこと、「丸や」は酒を意味した。お客など人さまに聞かれたくない言葉を隠語で表したのだ。

さらには江戸の遊郭《ゆうかく》にも業界用語があった。遊女《ゆうじょ》たちは「ありんす言葉」だけでなく、むずかしい隠語をスラスラと使っていたようで、安永《あんえい》四年（一七七五）に出た戯作者・恋川春町《こいかわはるまち》の黄表紙『金々《きんきん》先生栄花夢《せんせいえいがのゆめ》』には、深川の遊女が次のような隠語を使っている場面が登場する。

茶屋の女が金々先生をバカにする場面で、「ゲコンカシコロウサコンケガ、キコナカサカイコト……」というと、遊女

が「イキマカニイケクコカクラ……」と返すのだ。

これを訳すと「げんしろうさんが、来なさいと……」「いまにいくから……」となる。これは吉原の遊女が使った「唐言《からこと》」という隠語で、一字ごとに別の文字を規則的にはさんでいうものだが、かなり難解で、一般人がとてもスラスラといえるようなものではない。ほかにも、遊女たちは「のの字言葉」「しの字言葉」という隠語を用いていた。これは一字ごとに「の」や「し」の言葉をはさむものだが、これもややこしい。

吉原の遊女たちは、とても知的で頭の回転が速かったということだろうか。

店のグレードは暖簾を見れば一目瞭然！

歌川広重《うたがわひろしげ》の浮世絵に、江戸の大伝馬《おおでんま》街にならぶ大店を描いた版画がある。これを見ると、道の両側にずらりとならぶ大店《おおだな》の店先に、大きな暖簾《のれん》が飾られ、その暖簾には屋号や商標が染め抜かれていて見事な景観を見せている。

この商家の店先の暖簾は、もともとは日除《ひよ》けやホコリ除け、目隠しのためにかけたものであった。

暖簾そのものは平安時代末期からあったとされており、中世の絵巻物の町家にも見られる。江戸時代になると、暖簾はさらに発達して、屋号や商標を入れて看板や広告としても使われるようになった。

屋号や商標を染め抜く習慣は、寛永《かんえい》年間（一六二四～四四）ごろにはじまり、元禄・宝永年間のころ（一六八八～一七一一）に大流行した。

このころの暖簾は、木綿製で、紺地に文字や記号を白抜きにした。戸口の上から下まであって、下のほうが割れているのが「長暖簾」、半分までの長さのものが「半暖簾」、店の間口《まぐち》いっぱいに幕を張ったような「横暖簾」などもあった。

店の屋号を染め抜いた長暖簾は、しばしば浮世絵のなかに描かれた。店の宣伝になるので、主人のほうがもっぱら浮世絵師に店の絵を描くように頼みこんだという。

暖簾は名実ともに店の〝顔〟だった

やがて暖簾は、店のグレードや信用を表すようになった。「暖簾が古い」という表現は老舗《しにせ》としての信用があることを意味し、逆に「暖簾が新しい」といえば、店が新しくてまだ信用がないことを意味した。

さらに、「暖簾に傷がつく」といえば、店の信用や家の名誉が失墜《しっつい》すること、「暖簾分け」は、奉公人が独立して主家と同じ屋号を許されることをいった。主人は家業に忠誠を尽くした奉公人たちに、暖簾を分けて、独立した店を持たせたのだ。じっさい、暖簾分けの儀式では、奉公人は、主人から、屋号を染め抜いた新しい暖簾を与えられた。

このように暖簾は、店の信用の象徴であり、店そのものだったのである。

商家に代々伝わった「家訓」の細かい内容とは？

江戸時代も中期以降になると、初期に勢力を持った特権商人に代わって、「越後屋」「鴻池《こうのいけ》」「白木屋」などの大きな新興商人が台頭してきた。

幕府や大名から特権を与えられて利益を得てきた特権商人は、武家の経済困窮とともに没落《ぼつらく》していったが、新興商人は、消費経済の発達とともに市場の中心となってきた庶民を相手に商売をした。

こうした新興商人は、家業を子孫に伝えていくために「家訓」を残した。商人にとって、家業は、武士の家禄《かろく》（俸禄）に相当する大切なもので、家業存続、家名継承はもっとも重要なことだった。

越後屋、白木屋といった大きな商家の家訓には、商売の基本として共通するものが見られる。その考え方の基礎となっているのが、江戸時代の思想家・石田梅岩《いしだばいがん》を祖とする「石門心学《せきもんしんがく》」と「庭訓《ていきん》」である。

石門心学とは、梅岩が商人や農民に向けてわかりやすく教えた哲学で、調和を尊《とうと》び、神様も仏様も敬い、道は心で、心は道であるという教えであった。

家訓の多くは、まず「ご法度《はっと》」を第一条で教えている。武家社会のご機嫌を損ねると、家の破滅につながるので、法令は大切にしなければならなかったのだ。

その後に続けて、「商いは信用が第一」「始末を大切に」「従業員は家族」などの教えが書かれていた。商家は大勢の人の信用が大切であるし、また、「始末を大切に」ということは、倹約はもちろんだが、お金の始めと終わりのけじめをつけ、予算と決算をきちんとせよ、という意味もあった。さらに主従の関係も大事で、共に働き遊んで、災害時や不幸には団結しなければならない。従業員が主人に忠勤を誓

白木屋の家訓（抜粋）

・商品の取り扱いは、どんな場合も丁寧にしろ

・商品が傷ついたり破れたりしないよう、年輩から元服前の奉公人にいたるまでみな気をつけろ

・残掛（売掛金）を回収するために、ふだんからお客様に催促すること

・役替え（人事異動）のときはお互いに祝いの言葉をかけるように

・役の異動があったときは、引継ぎは丁寧にすること

・お客様への進物、接待はほどほどにしなければならない

※『江戸が大好きになる古文書』（油井宏子著 柏書房）より

って励めば、主人は、従業員のお墓まで面倒を見たのである。

そのほか、家訓には奉公人の心構えも事細かに決められていた。いったいどんな内容だったのだろうか。白木屋日本橋店の家訓定法のひとつである『永録』を例にあげてみよう。

まず、「驕《おご》り高ぶることがないよう、白木屋の家訓定法を守れ」とある。さらに、「若い奉公人は道理にはずれたことをしないように、信心することが大切」「店の中でも外でも大酒を飲んではいけない。三〇歳までは禁酒」「正月は囲碁《いご》、将棋、謡《うたい》を許可するが、正月をすぎたら年寄衆、小頭衆以外はしてはいけない」などと書かれている。

「三〇歳まで禁酒」というのはなんと厳しいルールか、と思うだろうが、こんな心得が決められているのは、奉公人たちがよく酒を飲んでいた証拠でもある。問題を起こした奉公人の記録が載っている『明鑑録』には、三〇歳未満の手代、若衆、台所衆たちが酒を飲んで不始末を起こし、店を困らせたとある。

このように、奉公人たちにたいして細かいルールや心得が決められていたのには理由があった。奉公人たちは、一〇歳の子どものころから住みこみで店に入っているので、店の主人は親代わりであり、いわば家族だったからだ。

つまり、親として、仕事だけでなく生活全般にわたって若者を指導し、育て上げなければならなかったのである。こういった見事な精神を教えた家訓が、江戸の経済成長を支えてきた大きな要素であった。

正月に職人に配られる半纏に込められた意味

粋でいなせな印半纏《しるしばんてん》……いまでは町内の祭りなどで神輿《みこし》をかつぐ若者が着ているのを見るくらいになってしまったが、江戸の町では、職人がつねに身につけていた。彼らにとって半纏《はんてん》は、作業着であり、職人のプライドの表れでもあった。

巨大都市江戸には、さまざまな職人がいた。「職人」とは、手工業者のことだが、大きく分けて「居職《いじょく》」と「出職《でしょく》」があった。居職は、家のなかでものをつくる職人で、仕立屋、染物屋、桶屋、指物師《さしものし》、塗師など。出職は外へ出て働く職人で、大工、左官、鳶職《とびしょく》などがいた。

彼らの服装は、腹掛け、股引《ももひき》、半纏にねじり鉢巻が定番スタイル。半纏には襟《えり》に出入り先の店の屋号がついていたし、背中の紋もその店のものだった。

大店では、正月に出入り職人に、屋号を染めた印半纏を与えるしきたりがあった。職人がその店の半纏を着て町を往来すれば宣伝になったからだ。そして、店から半纏をもらった職人は、その店公認の出入り職人になったことを意味した。

職人は自分が出入りする店で、ほかの店の屋号が入った印半纏を着るわけにはいかない。というわけで、出入りする店によって半纏を着替えていた。

正月の挨拶まわりでは、半纏を何枚も重ねて着て、出入り先の家の前でその家の屋号が入った半纏を着て挨拶する習慣があったというから面白い。つまり、出入り先に挨拶し終えるたびに、一枚ずつ順番に半纏を脱いでいったわけだ。

たくさんの家に挨拶に行く職人は、それだけ多くの半纏を着こんだ。半纏の数は、出入り先をどれだけ持っているかを示し、それはその職人の評判をも表すことになったのである。

一人前になるまで一〇年！厳しかった職人への道

職人には大きく分けて親方、職人、徒弟《とてい》という三つの階級があった。職人になるには、若いうちから親方に弟子入りし、長年かけて技を身につけなければならない。どんな職でも、一人前になるには、厳しい修業時代を経験する必要があった。

まず一二歳ほどで弟子入りし、親方の家に住みこみで奉公する。この弟子の期間は七〜八年かかるのがふつうだった。最初のころの仕事は、掃除や食事の支度、子守など親方の家の雑用で、職人としての仕事をやらせてもらえるようになるまで数年はかかった。親方からは食事と衣類を与えられるが、休みは一月と七月の藪《やぶ》入りのみであった。

親方は、手取り足取り仕事を教えてくれるわけではなかったため、先輩の仕事を見て、自分で技を盗むのが当たり前だった。来る日も来る日も夜明け前から夜遅くまで家事や手伝いをさせられ、なかなか本来の仕事はさせてもらえない。こうした厳しい生活に耐えきれず逃げ出す者もいた。

逃げ出した場合、弟子の保証人は飯代を親方に払わなくてはならなかった。また、親方の技術は絶対に外部に漏《も》らしてはならないのはもちろんのこと、「家業構《かぎょうがまえ》」といって、親方から就業禁止令を出されてしまうこともあった。家業構が出されたら、ほかの親方のもとに弟子入りしようとしても、だれも雇ってはくれなかった。

修業期間が無事に終わると、「御礼奉公」といって一年間、親方のもとで働くのがしきたりだった。それが終わって、はじめて親方から道具一式を与えられ、鑑札《かんさつ》（営業許可証）をもらうことができた。

しかし、鑑札をもらっても、自立するにはよほどの運とコネ、腕が必要で、職人の多くは親方の家に住みこむ「雇われ職人」か、親方から手間賃をもらって通う「下請け職人」であった。なかには、一〜三年間、諸国を旅して腕を磨く「渡り職人」の道を選ぶ者もいた。

厳しい修業を乗り越えた弟子には、職人としてのだれにも負けないプライドと自信が身についた。そして、親方とのあいだには、親子にも似た強い絆《きずな》が生まれたのである。

八章

◆〝天下泰平の世〟を支える！

江戸の武士の正式作法

「敵討ち」には、厳密なルールがあった

二五〇年以上もの長きにわたり、泰平《たいへい》の世が続いた江戸時代に、「武士の一分《いちぶん》」を示す立派な行為、忠孝の教えの実践としてほめそやされたのが「敵討《かたきう》ち」である。逆に、親や主君を討たれたまま敵討ちをしなければ、武士の面目《めんもく》がたたず、臆病者《おくびょうもの》として後ろ指を指された。

敵討ちというと、曾我《そが》兄弟の敵討ち、赤穂浪士《あこうろうし》の討ち入りなどが知られている。幕府によって制度化され公認されるようになったのは、江戸時代に入ってからだ。

幕府公認の敵討ちとは、主君、父母、夫、兄姉、伯叔父など目上の者が殺されたとき、その家臣や子、妻、弟妹などが加害者を討つことだ。夫が、妻と不義を働いた者を討つ「妻敵《めがたき》討《う》ち」もあった。

世間から奨励《しょうれい》された敵討ちだが、社会秩序を乱さないよう、それなりの作法やルールが決められていた。

たとえば、目上の者が目下の者の敵を討つことは禁じられた。つまり、子や弟妹が殺されても、親や兄姉による敵討ちは正当化されなかったのだ。また、正々堂々

敵討ちの手続き

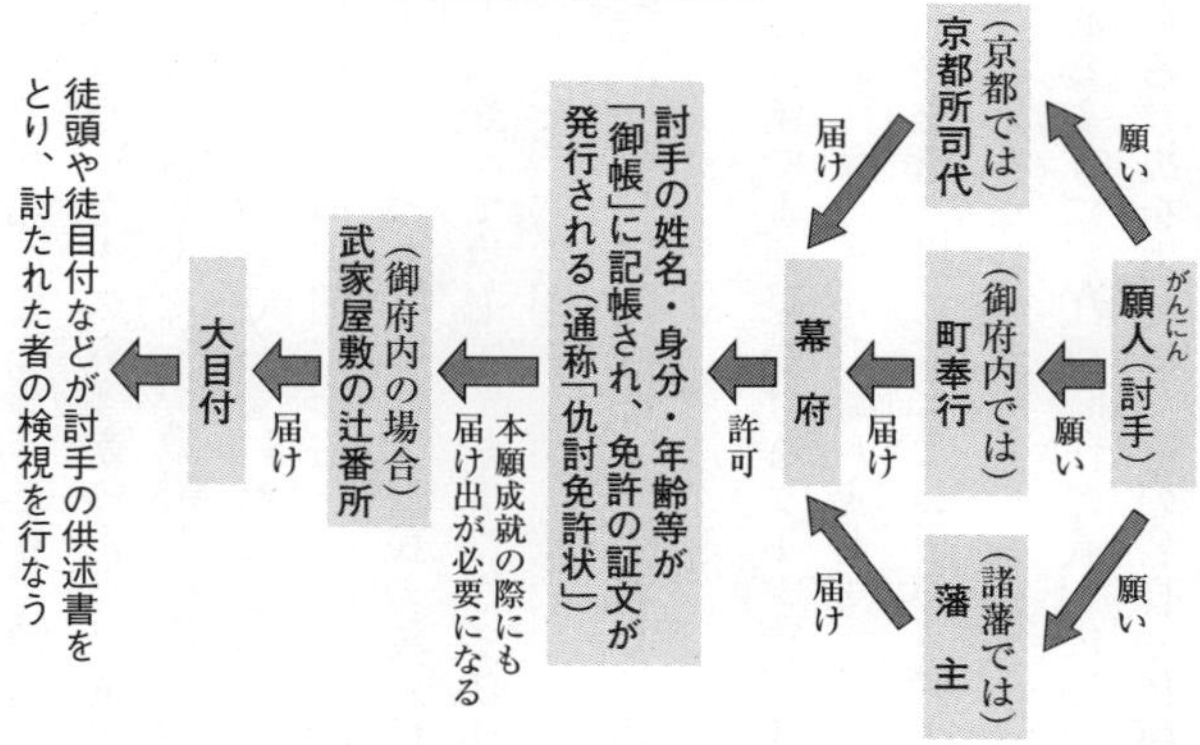

※『図説 大江戸さむらい百景』（渡辺誠著、学研）をもとに作成

の果たし合いや、主人が家来を成敗する手討ちによる場合も、その敵討ちは許されなかった。

　また、敵討ちをする側を「討手《うって》」、討たれる側を「仇人《あだびと》」といったが、討手が返り討ちにあって、遺族がまた敵討ちをする「又候敵討《またぞろかたきうち》」、討たれた仇人の遺族が討手を討つ「重敵《じゅうがたき》」も禁止された。

　さらに、敵討ちをするには、あらかじめ届けを出して幕府の許可を得なければならないルールがあった。敵討ちに成功しても届けを出していないと、殺人犯あつかいをされたのである。

　また、届けを出せば敵討ちの旅に出ることはできたが、仇人を捜《さが》し出すのはひじょうにむずかしかった。仇人に出会う前に討手が死んでしまったり、捜しだしても仇人が死去していて本懐《ほんかい》をとげることができないケースも多かった。敵討ちの成功率はほんのわずかだったのだ。

それでも武士たちが敵討ちに出たのはなぜか。それが「武士の一分」なのである。命をかけてでも守らなければならない武士の面目や作法、そのためだったのだ。

江戸時代の中期になると、この敵討ちは武士だけではなく、町人や農民まで行なうようになった。町人、農民の場合は、届け出は必要なく、事後の取り調べで敵討ちとわかってはじめて無罪になる決まりだった。

「斬り捨て御免」にも厳しい作法があった

時代劇でよく見かけるシーンに、武士が町人を斬《き》り捨てる「斬り捨て御免《ごめん》」がある。これは、身分の高い武士にたいして、身分の低い庶民が非礼をした場合、武士は庶民を斬り捨ててもよいという武士ならではの特権である。

このような特権が与えられた理由は、「武士は食わねど高楊枝《たかようじ》」ということわざがあるように、江戸時代の武士にとって、名誉や体面が何よりも重んじられたからである。裏を返せば、その名誉や体面を傷つけられれば、黙ってそれを見逃すことは武士らしからぬとされていた。そのため、武士は自分の誇りを守るために、刀を抜くことが認められていたのだ。

ただし、武士が怒りを感じたら、好きに斬り捨てていいというものではなかった。もし、武士が「斬り捨て御免」を実行したとしたら、その後、自分の行為を町の役人に届けなくてはならなかったのである。そこで、斬りつけた理由を説明し、さらに目撃者や関係者の話も参考にして、その正当性が吟味《ぎんみ》された。一般的には、武士にお咎《とが》めがいくことは少なかったが、問われる可能性もあったということだ。

さらに、江戸の町民が被害者となると、話はややこしくなった。江戸の町民は、将軍の領民でもあるので、うかつに手を出せば大きな問題になった。また、江戸で罪のあるなしを決めるのは町奉行所の役目で、武士は縄をかけられて町奉行所まで連行され、そこで裁きを待たなくてはならなかった。

同じ江戸時代でも、中期以降、世の中が平和になり、町人などの力が強くなってくると、たとえ正当性があったとしても、即斬り捨て御免はしだいになくなっていった。逆に、ささいなことですぐに刀を抜こうとする武士は、臆病者呼ばわりをされることもしばしばだった。

したがって、「斬り捨て御免」の制度があっても、武士がそれを振りかざして横《おう》暴《ぼう》なふるまいをするということはむずかしかったようである。

切腹は「腹を切らないのが作法」だって?!

武士道では、切腹が最高の死に方とされた。腹を切る死に方は諸外国にもあるというが、切腹という作法が定められて、法律で制度化されたのは日本の武士の世界だけである。では、なぜ切腹という方法が生まれたのだろうか。

これには、まず、生命の根源は腹部にあるという思想があった。ここを切り開いて腹のなかを見せ、身の潔白《けっぱく》を証明することが、武士の名誉や勇気を示すことになったのである。

武士の切腹は、時代によって意味合いが微妙にちがっている。源平時代は、朝廷にたいして謀反《むほん》心がないことを示すため、南北朝時代は、敗者が最後の武勇《ぶゆう》を示すため、戦国時代には敗者が責任を負うため、というように変わってくる。そして戦国時代末期には、切腹が武士の名誉ある刑となり、その作法も確立した。

切腹の作法が、稲垣史生《しせい》著『図説 大江戸おもしろ事典』(三笠書房)に紹介されている。まず、切腹人は湯で体を清め白無垢《しろむく》、無紋の裃《かみしも》を身につけ、北面して座

の水のための水を癒《いや》す渇きを喉《のど》の人にゆく死に、とは水の末期。む飲口を二水の末期《まつご》、し
ことである。

次に「三方《さんぼう》」と呼ばれる台に載せた切腹刀が運ばれてきたら、切腹人は検使に目礼、前を押し広げ、三方を少し手前に引き、左手で切腹刀を取り上げ、右手を下から添《そ》えて目の高さにおしいただく。切腹刀を右手に持ち替え、左手でへその上を三度なで、一気に切っ先を左わき腹に突き立てる。そのまま右腹まで引きまわす。

そして、刀をいったん抜き、持ち替えて刃を下にし、みぞおちへ切っ先を突き立てて、へその下まで切り下げる。それでも絶命しなかったら、喉を突く。

介錯人《かいしやくにん》は切腹人の左斜め後ろに立ち、切腹人の呼吸をはかって一気に首を斬り落とす。検使が首を確かめて切腹は終わる。

だが、この作法は、じっさいはむずかしく、切腹刀を腹に突き立てるのは容易ではなかったという。さらに刀を引きまわすときは、大変な苦痛をともない、多くの場合切り口からは内臓が飛び出した。なかには、切った腹から自分の腸を引っ張り出し、潔白を証明する者もいた。

だが、江戸時代には、じっさいには腹を切らないことのほうが多かったようだ。切腹人が小刀を取ろうと手を伸ばしたところで介錯人が首を斬り落とした。また、

切腹の作法

左手で切腹刀を取り上げ、
右手を下から添えて、目の
高さに押し戴く

刀を右手に持ち替え、切っ先を
左わき腹に突き立て、右腹まで
一気に切る

いったん刀を抜き、刃を下にして、みぞおちに突き立て、へその下まで切る。介錯人は、切腹人の呼吸をはかり、一気にその首を切り落とす。ただし、江戸時代には、腹を切らずに、すぐに首を斬り落とす方法がとられた

小刀の代わりに白扇を使い、これをおしいただいた瞬間に、首を打ち落とすという方法もとられていた。

武士たちが恐れた『武家諸法度』の中身とは

大坂夏の陣で豊臣秀頼を破った徳川家康が、元和《げんな》元年（一六一五）に大名たちを統制するために定めたのが『武家諸法度《ぶけしょはっと》』である。

その後、将軍が変わるたびに、「武家諸法度」はその内容を少しずつ変え、幕府から大名へと公布された。そして、大名だけでなく、大名に仕える武士や御家人《ごけにん》も守らなくてはならないものとされた。

この『武家諸法度』は、法律というよりは、武士の心得を定めたものという性格が強かった。たとえば、「文武《ぶんぶ》に心がける」「参勤交代を行なう」「勝手に婚姻《こんいん》を結んではいけない」「勝手に城の修復をしてはいけない」「勝手に大型船をつくってはいけない」といった内容である。要は、幕府が大名を取り締まるためのものだから、何をするにも、まず幕府にお伺《うかが》いを立てなさいという意味合いがこめられている。

もうひとつ、『武家諸法度』の特徴としてあげられるのが、ひじょうに大ざっぱで、基本的なことしか書かれていないということだ。「○○したら、処罰される」というような具体的な記述はまったくない。

これは、幕府の解釈ひとつで、いかようにも処罰を決められるように、わざと基本的なことしか記していないのである。明文化していないので、そのときの幕府の判断によってどうにでも転ぶというわけだ。

大名は、同じような行動をとっても、お咎《とが》めを受けない場合もあれば、切腹やお家断絶などの厳しい処分となる場合もあり、まったく先が読めなかった。つねに幕府の顔色をうかがっていなくてはならず、反論することも許されない。幕府が大名統制のために定めた法律は、ひじょうにやっかいなものだったのだ。

武士にも「受験勉強」があった?!

江戸時代の徳川幕藩体制のなかで、将軍家に直接仕えている旗本や御家人の武士は「直参《じきさん》」と呼ばれ、名門とされた。しかし、だからといって安穏《あんのん》とはしていられなかった。名門だけに家督《かとく》を継承するには資格が必要とされたからだ。その目安となったのが、「素読吟味《そどくぎんみ》」と呼ばれた試験である。

この試験は、毎年一〇月と一一月に行なわれていた。一一人もいる試験官を前に「四書五経《ししょごきょう》（四書は大学・中庸《ちゅうよう》・論語・孟子《もうし》。五経は易経《えき》・書経・詩経・礼記《らいき》・春秋）」の書物のなかのどれかを、いわれるままのページを開いて声に出して読むというのが試験内容だ。

なんだ読むだけか、といっても、書物に書かれているのは漢文だからほとんど丸暗記でもしていなければ、正しく読み下《くだ》すことはできない。町人の子が、ただ寺子屋で文字の読み書きを習うのとはちがう勉強が、直参の子どもたちには求められていたのである。

そんな彼らの受験勉強は、五歳の手習いからはじめられ、七歳になると素読（文章の意味は考えず、文字だけを声に出して読むこと）の練習をはじめる。テレビの時代劇で武士の子が、書物を開いて「し、のたまわく～」などと声に出しているのが、その勉強なのである。

最初は父兄が基礎を教え、八歳くらいから師匠のところへ通いはじめる。さらにそれを数年続けて、だいたい一三歳くらいになると受験の願書を出す。受験資格は一七歳からと定められていたが、そんな年になるまで勉強しなければならないようでは、合格はおぼつかない。学問所もその事情は承知しており、実年齢が何歳であろうと願書に一七歳と記入してあれば受けつけたという。

ただし、いくら年齢が若くても三回不合格になったら受験資格を失った。こうなると、たとえ長男であっても、家督相続資格を失い、どこかに養子の口でもない限り、一生を「部屋住み」と称する実家の居候生活ですごすことになった。

「成人の儀」はどのように行なわれていた？

江戸時代の武士は、一五歳前後で成人の儀式である「元服《げんぷく》」を行なった。前髪部分を剃《そ》って髪形を変え、衣服も大人用に改めるという儀式である。

親類や知人のなかから選ばれた有力者の男性が、烏帽子親《えぼしおや》として介添《かいぞ》え役をつとめ、吉日を選んで儀式が行なわれた。烏帽子親は、元服する者が前髪を剃ったあと、烏帽子を与える役目を持っていたためこのように呼ばれた。

この烏帽子を与えるという動作をはじめ、小笠原流が伝える『元服之次第』には、儀式での服装、使う用具、髪を剃る作法から酒の交《か》わし方まで元服のしきたりが細かく記されている。

しかし、現実にはこれらの儀式を完璧にこなすのは、将軍や有力な大名の家くらいであり、ふつうの武士の家では簡略化されるケースが多かったようだ。この簡略化されたしきたりのなかには、烏帽子を与えるという動作もふくまれている。江戸時代になると、現実には武士が烏帽子をかぶって正装する機会など、それこそ将軍か大名でもなければなかったから、前髪を剃ったあと烏帽子をかぶり素《す》襖《おう》（直垂《ひたたれ》の一種）・袴《はかま》を身につけるという作法は行なわれなくなったのである。

　時代は下り、江戸時代中期以降になると、将軍家ですら元服の儀式を簡略化するようになった。そのため、烏帽子親はその名が変わり、元服親と呼ばれるようになった。烏帽子親は元服する武士に新しく名前をつけ る役目も担《にな》っていたからである。

　乳幼児の死亡率が高く、きちんと成人できるかどうか不安をかかえていた武家では、元服を、第二の誕生日と受けとめていた。そのため、元服のさいに幼児時

元服が済めば〝大人〟として認められた

代の名前から新しく大人の名前につけかえたのである。武士にとって元服とは、いわば〝生まれ変わり〟の儀式でもあったのだ。

武士が無断外泊を禁じられた理由

これまで述べたとおり、江戸時代は武家社会のため、武士は多くの特権を持っていた。しかし、そのいっぽうで、武士であるがゆえに行動が制限されるという一面も持っていた。

たとえば、旗本・御家人は、御府内から外に出る場合には、必ず届けを出さなくてはならなかった。いざというときに戦場へ駆けつけて戦わなければいけないのだから、所在がわからなくては役に立たない。つねに、どこにいるかを明らかにしておく必要があったのである。

そのため旗本・御家人は、どこかに出かけるときでも、日帰りが基本だった。つまり、いくら暇な役職でも、ぶらぶらと遠くまで気ままに出かけることは許されなかったのである。

たとえ江戸にいる場合でも、武士の行動には制限があった。それが外泊禁止である。武士は、その日のうちに必ず自宅へ帰っていなければならなかった。その日のうちとは、だいたい日付が変わる子《ね》の刻《こく》（午後一二時）までである。お酒を飲んでいて午前様といった状態は許されなかったのである。

万一、子の刻までに帰宅していないことが幕府に知れたら、その武士はお咎《とが》めを受け、最悪の場合には、お家断絶にいたる可能性さえあった。何かの事情で外泊しなければならない場合には、幕府への届け出が必要だったのである。この外泊禁止も、非常時に備えてのことである。

こうなると、武士の生活はとても味気ないものに思えてくる。しかし、武士のほうも心得たもので「外泊ができないのなら」と、昼間に遊郭《ゆうかく》を訪れ、昼のうちに遊んでいた。これなら、幕府からお咎めを受けることはないというわけである。

「左側通行」は武士の作法から生まれた

現在の日本では、人が歩くときは右側通行と決められているが、江戸時代の武士は左側通行が作法だった。というのも武士が右側を歩くと、困った事態が生じるからだ。

多くの武士は右利きだから、当然ながら刀は左側の腰に差している。この格好で右側を歩いていると、ほかの武士とすれ違うときに刀の鞘《さや》がぶつかり合うことがあるのだ。これは「鞘当て」といって、武士にとっては大変無礼なことで、斬り合いの原因になったのである。

だが、左側を歩けば鞘はぶつかり合わずに済み、喧《けん》嘩《か》は起こらない。さらには、すれ違う相手を警戒することもできる。そして、左端を歩いていて、相手が右側から攻撃を仕掛けてきたら、すぐに刀を抜いて応戦できるし、防御態勢もとりやすい。そこで、武士が道を歩くときは、左側を歩くのが作法となったのである。

この作法は、もともとは殿中《でんちゅう》の廊下があまり広くなかったので、鞘当てが起こらないよう、必ず左側を歩いたのがはじまり。それが道を歩くときの作法にもなった。

「左側通行」は無用な争いを避けるための作法

このほか、武士が歩くときの作法として、身分の高い者が左側に立つというものもあった。上司や身分の高い者と一緒に歩くときは、並ばずに相手の右側を一歩下がって歩くのが礼儀だったのである。これは、叛意《はんい》はないという証拠でもあったし、武士にとって左側が重要な位置であると考えられていたからでもあった。

日本の左側通行の習慣は、昭和の中ごろまで続いた。そして、自動車が普及して左側を走るようになった昭和二四年（一九四九）に、車と同じ方向ではまずいと、人は右側を歩くことが道路交通法で決められた。

「目付」の歩き方はこんなに特徴的！

江戸時代に武士たちのあいだで恐れられ、嫌われていたのが、「目付《めつけ》」であった。目付は幕府の監督官として旗本、御家人に非はないかを監視する役職である。また、「大目付」は大名を、「横目付」は諸藩に目を光らせた。

目付の役割は監督のほかに警備役もあり、品行方正で文武にすぐれた者が就《つ》いたが、じっさいには石頭、頑固で冷徹な者が多かったという。悪事を働いた大名を見つければ、容赦《ようしゃ》なく摘発した。自分の父親を摘発して切腹までさせた目付もいたという。

また、「目付」の仕事は広範囲にわたっていた。若年寄に属して江戸城内外の査察、非常時の差配、殿中礼法の指揮などを行なった。その仕事は激務で、休みの日などなかった。もちろん毎日登城して、役人たちに非がないか、きちんと勤務しているかどうか目を光らせた。

この目付が登城《とじょう》するときに、変わった習慣があった。江戸城の大手門前にくると、石垣に平行して直進し、直角に曲がって門のなかに入った。けっして斜めには進まない。門を入ると番所の番士が拍子木《ひょうしぎ》を打つ。そして、下座見《げざみ》が「へおー」と声を上げて奥に知らせる。目付はまた直角に曲がって、玄関のほうへ直進するといった具合である。この変わった歩き方は目付の特徴で、隅々《すみずみ》まで見極めるためにこのような歩き方をしていたのだ。

特徴的な歩き方は
“仕事熱心”の証し

渡辺誠著『図説 大江戸さむらい百景』（学習研究社）によると、雪がつもった日でもこの歩き方は変わらず、目付は雪がよけられていない道をわざわざ歩いていたという。

このような直角直進の歩き方は、「泣く子も黙る」といわれた目付の性格をよく表しているといえるだろう。

大名行列の前で庶民は本当に「土下座」した？

大名行列といえば、「下に、下に」という声が響き、庶民は道の両端《りょうはし》で土下座をしなくてはならないといったイメージがあるが、じっさいには、それほど厳格ではなかった。江戸の庶民が町なかで「下に、下に」といわれて、土下座をしなければならないのは、尾張・紀伊・水戸の御三家の行列のときだけだったのだ。

ほかの大名の行列では、行列の通行を邪魔しないように、道の端に寄るだけでよかった。同じ大名でも、家格によって庶民の対応もちがったのである。

また、大名行列が威厳《いげん》を示しながらゆったりと歩くのは町なかだけの話。町を一歩出ると、急ぎ足で街道を進んだ。

なぜなら、大名行列には先を急がなくてはならない事情があったからだ。江戸へ上る日は、あらかじめ老中に届けてあったため、遅れるわけにはいかなかった。万が一天候不良などで足止めをくった場合は、その時々で老中に報告するという厳格さだった。

また、旅程に沿って宿泊施設に予約を取っていたから、到着が遅れるとその日のために用意していた多数の夕食などが無駄になってしまう。なんとしても予定どおりに本陣に着く必要があった。

そんな事情なら、旅程の遅れが出ないようにゆったりとした予定を組めばよいと思うかもしれない。しかし、現実には、そうはいかなかったのである。

その理由は、一日延びると、旅費がそれだけかさんだからである。宿泊すれば、その地の領主のもてなしを受けることになっており、そのもてなしの返礼として、相応の進物を用意しなければならなかったのである。

そのため、各大名は、なるべく宿泊しなくてもすむように短期間で江戸へ行こうと強行軍での旅を行なった。だから、道中はとにかく急いだのである。

大名行列には、このほかにも決まりがあった。大名行列同士が出会ってしまった場合、相手が格上であったら、自分たちが道の端に寄り、道をあけなくてはならなかった。

また、御三家と鉢合《はちあ》わせになると、大名であっても駕籠《かご》から下りる必要があった。このようなことを避けるため、まずは先に偵察へ行かせ、もし、格上の大名行列に鉢合わせしそうなときは、別の道へ変更していた。

江戸城に登城するさいの大名のしきたり

厳しい身分制度が敷かれていた江戸時代、将軍に直接仕える者といえば大名である。大名とは、禄高《ろくだか》一万石以上を持つ者をいい、将軍に拝謁《はいえつ》できた。さらに、大名ではないが、一万石以下でも将軍に拝謁できるのが旗本、拝謁できない者は御家人といった。

大名は、元旦や五節句など幕府にとって重要な日や、月次登城といわれる月例の登城日に江戸城に登城する必要があった。この登城のさいには、身分や城持ちか無城かなどの家格によって、控えの間も厳密に区別された。

「大廊下」は、もっとも家格が高い御三家の控えの間であり、御三家の次に家格が高い加賀前田家、越前松平家、鷹司《たかつかさ》松平家もここに詰めていた。「大広間」は一〇万石以上の外様《とざま》大名である島津家、伊達《だて》家、細川家や、御三家の分家の控えの間であった。

また、「帝鑑《ていかん》の間」は、城持ちの譜代《ふだい》大名や旧臣、水戸徳川家や越前松平家の分家の控えの間。「柳の間」は一〇万石未満の外様大名、表高家などの控える間であった。「溜《たまり》の間」は、彦根井伊家、会津松平家、高松松平家のほか、一〇万石以上の譜代大名の定席である。

そして、「雁《かり》の間」には一〇万石未満の譜代大名や高家などが控える。「菊の間」は無城で二万石以下の譜代大名や大番頭、書院番頭、小姓組番頭などが詰めた、という具合に細かい区別がなされていたのだ。その上、それぞれの控えの間のなかで、将軍に拝謁するときの座る位置まで決められていた。

さらに、大名たちは朝廷からもらう官位によって、登城するときの衣装が細かく定められていた。官位は一位から八位まであり、宮中に上がれるのは従五位《じゅごい》下以上の者であった。大名はすべて従五位下以上である。

江戸城に登城すれば、大名たちはいやがうえにも、自分の家格をまざまざと見せつけられていたのである。

大名が江戸城の役人にゴマをすったワケ

老中や若年寄《わかどしより》といった幕府の要職に就いている大名は、江戸城内で働いているので毎日登城するが、幕府内に職務のない大名は式日などにたまに登城するだけだった。それなのに、登城時は大名という立場から、供をそろえて行列を仕立てなくてはならなかったというのだから大変だった。

さらには、そうやってわざわざそろえた供であっても大手門をくぐるときには、外に残していかなければならなかった。いくら江戸城が広いとはいえ、多数の大名がそれぞれ持つ大勢の家臣まではすべて収容できないからだ。

大名は駕籠から降り、ひとりで城内に入る。すると、日ごろは何もかも家臣任せの大名は、ひとりでは何もできない。ましてや慣れない城内である。

その手助けをするために江戸城にいたのが「お城坊主」。いわば大名の世話係である。小間使いのような存在で、お城勤めの役人としては下っ端だが、彼らの力は大きかった。なにしろ間違った作法を教えるなどして、大名に恥をかかせることもできたからである。大名のほうが萎縮《いしゅく》してゴマをすらねばならないほどだった。

そのゴマすりの代表がお城坊主からのチップの要求に応《こた》えることだった。お城坊主は、城内では請求しづらいので、後日大名の屋敷を訪ねて集金して回ったという。お城坊主の訪問を受けた屋敷では、主君が恥をかいては困るので、家臣がこっそり渡すのがしきたりだった。

このようにして、大名からお金をせしめるお城坊主の最大の稼ぎどきは正月だった。正月に大名の屋敷を訪ね、部屋にある調度品などをさりげなくほめるのだ。お城坊主を最大限もてなさなければならない大名は、ほめられれば「与える」といわざるをえない。それを承知で大名のほうもたいしたものは部屋に飾らなかったというが、お城坊主は自分が担当する大名の屋敷をいくつか回ればそれなりの役得にありつけたのである。

大奥のビックリしきたり「新参舞い」とは

江戸城の中心・本丸の奥に、徳川将軍ひとりのために設けられた女の園「大奥《おおおく》」があった。ここでは、女中が四五〇人ほど、下働きの者まで加えると、一〇〇〇人もの女性たち（三〇〇〇人という説もある）が将軍のために仕えていた。

大奥の女中は、将軍や御台所《みだいどころ》（将軍夫人）に謁見《えっけん》できる「お目見え以上」と、謁見できない「お目見え以下」に分けられた。お目見え以上の女中になれるのは旗本、御家人の娘であり、農民、町人の娘はお目見え以下であった。

大奥では、毎年奥女中を採用するが、最下位の御末《おすえ》という下働きでも、採用されるのはむずかしかった。女中に採用されて大奥に入れば、運がよければ将軍に見初《みそ》められて玉の輿《こし》に乗れる可能性もあるので、希望者が殺到したのだ。

運よく御末に採用され、憧れの御殿に勤めることができても喜ぶのは束《つか》の間、彼女たちを待っているのは、とんでもないしきたりだった。新入りの御末は、毎年、正月節分の夜に、大奥の御膳所で催《もよお》される「新参舞い《しんざんまい》」に参加し、裸で踊らなければならなかった。

御末になる者は、家は旗本のような高い身分ではないが、裕福な町人の家で大事に育てられた娘である。裸踊りをしなければならないと聞いた娘のなかには、悩んで逃げ出した者もいたようだ。

当日は、夕飯後に御膳所の板の間で腰巻だけになって、用意された小道具を持ち、囲炉裏《いろり》のまわりを踊りながら回る。すると、新入りに交じって、古参の御末たちが飛び入りし、趣向《こ》を凝らした踊りや隠し芸を披露するのだ。

やがて芸のある者は積極的に踊りだし、新入りたちも恥ずかしさなど消えてしまう。日ごろ厳格なしきたりばかりに、ストレスのたまることが多かった女中たちが、一年に一度、このときとばかりに羽目を外すときだったのである。

一説では、この新参舞いは、はじめは裸踊りなどではなく、新入りを歓迎するふつうの隠し芸大会だったという。

ところがあるとき、新入りのなかに刺青《いれずみ》をしていた者がいた。そのため採用するさい、新入りの肌を検査しなければならなくなったのだが、若い娘を裸にして検査するわけにもいかない。

そこで新参舞いにかこつけて刺青をチェックすることになったのだというが、この説にはあまり信ぴょう性がない。やはり新入り歓迎にかこつけた、年に一度のストレス解消法だったのだろう。

ドンチャン騒ぎは
ストレス解消のためだった？

将軍の「夜の営み」は盗聴されていたって⁈

大奥のしきたりのなかで、もっとも特異で陰湿《いんしつ》な風習は、将軍床入《とこい》りの「御添寝」だろう。大奥で床入りすることは、徳川家の血統《けっとう》を絶やさないため、将軍の大事な職務のひとつであった。とはいえ、将軍が好きなときに勝手に大奥に出かけて、そのときの気分で相手を選ぶなどということはできなかった。

将軍が大奥に入るときは、宵《よい》のうちに決め、夕六つ（午後六時）までに大奥の御《お》年寄《としより》に沙汰《さた》する決まりになっていた。将軍の御小姓《おこしょう》から大奥の表使いを介して御年寄に報告。床入りの相手を指名する。

将軍が奥入りし、大奥の寝所に入ると、相手が正室である御台所の場合は、御年寄の介添えにより、御台所がお茶やお酒の相手をしてから床入りになる。このときは、御年寄と御中臈《おちゅうろう》が次の間に控えて寝ずの番をし、ふたりの様子に聞き耳を立てていなければならなかった。現代の我々にとっては、異様な風習である。

さらに、側室の御中臈と床入りするときは、信じがたいことが行なわれた。御年寄から指名を受けた御中臈は、将軍がやってくる半刻（一時間）ほど前に御添寝の役目を負った御中﨟とともに小座敷にあがる。白無垢に髪は櫛巻《くしま》きにし、かんざしは差さず、御添寝の御中﨟の一間《いっけん》(約一・八メートル)ほど先に立って廊下を歩いていくので、ほかの多くの女中たちにも、それとわかり、羨望《せんぼう》と嫉妬《しっと》の目で見られた。

小座敷には御年寄が待ち受けていて、まず、将軍の相手をする御中﨟の髪を解いて凶器や文書を隠していないかを調べる。将軍がやってくるといよいよ床入りだが、ここからがじつに信じられない光景になる。

将軍と相手の御中﨟の蒲団《ふとん》の両側に、御添寝の御中﨟と御坊主(年輩の頭を剃った女)の床をのべ、ふたりは将軍に背を向けて横になり、寝ずの番をするのだ。こうして、ふたりの監視のもとで、将軍と相手の御中﨟の夜の営みが行なわれる。翌朝、御添寝の御中﨟は、御年寄に昨夜のふたりの様子をくわしく報告する。

この異様なしきたりが生まれたのは、床入りした側室や御中﨟が、将軍に睦言《むつごと》で政治にかかわるおねだりをすることを警戒したためだった。じっさいに五代将軍綱吉は、愛妾《あいしょう》の染子《そめこ》に床のなかでせがまれ、甲府一〇〇万石を柳沢吉保《やなぎさわよしやす》に与えると約束し、お墨付きまで与えてしまった。この一件から、幕閣は将軍の愛妾の睦言をひじょうに気にして、盗聴させるようになったのである。

九章

◆信じられないほど〝過酷〟！

江戸の刑罰のしきたり

デキ心でも死罪…厳しかった「盗人」への罰

江戸時代の刑罰は、いまの法律に照らし合わせてみると、ずいぶん厳しいものが多い。たとえば、窃盗にかんする刑罰もそのひとつだ。

もし盗んだお金が一〇両以上ならば、死罪となったほどである。江戸時代の一〇両は、現在の一〇〇万円程度。一〇〇万円盗んだだけで死刑とは、いまでは考えられないだろう。

この制度は、一回で一〇両盗んだ場合に限定しているわけではない。何度か盗みを働くうちに、盗んだ合計金額が一〇両を超えれば、すぐに死刑が適用された。品物を盗んだ場合も、品物を値段に換算して判断した。

また、強盗のような凶悪な犯罪だけでなく、出来心でついそこにあったお金をくすねてしまったという場合にも適用された。つまり、商家の奉公人が、そこに無造作に置いてあったお金を、つい懐《ふところ》に入れてしまったとしても、これが一〇両以上なら、有無をいわさず死刑となったのである。

では、一〇両を超えない少額の盗みの場合はどうだったのだろうか。

盗んだ額が一〇両未満の場合は、罪人であるとひと目でわかる入《い》れ墨《ずみ》をされ、敲《たたき》刑に処せられた。五〇回または一〇〇回も叩《たた》かれるので、死罪ではないとはいえ、けっして軽い刑とはいえなかった。

このように、盗人にたいする刑罰がひじょうに厳しかったため、心根の優しい主人は、奉公人が出来心でお金をくすねてしまったようなときは、盗みの事実を役人に届けるのをちゅうちょするようにもなる。

ところが、そんなことをしたら、今度は自分の身が危なかった。盗みの被害にあったにもかかわらず、被害を報告しなかったことが発覚した場合、共犯とみなされて、被害者にも加害者と同じ刑罰が下されることがあったのである。

そのため、たとえ奉公人が出来心で盗んだとしても、見逃してやることはなかなかむずかしかった。なかには、たとえ一〇両以上盗まれていても、使用人の命を

少額の盗みは敲刑で罰せられた

なんとか助けてやりたいと、被害金額をあえて少なめに申告してやる主人はいたという。

「放火犯」は未遂でも火あぶりの刑に

江戸は大都市だったため、家が密集しており、長屋が多く建てられていた。当然のごとく、ひとたび火事が起きると、火の勢いはまたたく間に広まり、大規模火災となった。なんと徳川幕府治世の二六〇年間で、大火事が一〇〇回以上も起きたと伝えられている。

そうした事情から、幕府は火事を起こした者を厳しく取り締まった。たとえば、火の不始末で、うっかり火元になろうものなら、お咎《とが》めを受け、江戸から追い出されたり、罰金を払わされたりした。

火元になるだけでこれだけの刑に処せられたのだから、万が一にも火付け（放火）をしようものなら、厳しい刑が待っていたのはいうまでもない。火付けを企《くわだ》てた者は、たとえボヤで終わって被害がまったく出なくても、有無をいわさず火あぶりの刑に処せられた。

火あぶりにされると、罪人があまりの苦痛に大暴れするため、柱に罪人を縛りつけるときに、絞殺《こうさつ》してから火をつけたともいわれている。それほど凄《すさ》まじい、恐ろしい刑だったのである。火あぶりにされたあとは、三日間死体がさらされ、その後捨てられた。

これほど火付けや火元を厳しく咎めたのは、火事を防ぐという目的のほかに、江戸庶民の恨みを晴らすという意味もあった。

一度火災が起こると、火の手はどんどん広がる。江戸時代の消火は、勢いよく広がっていく火をくい止めるために、燃えるものをとにかくなくしてしまうという方法をとった。つまり、火の手が進む方角の家々は、まだ火がついていなくても、火消したちによって、取り壊されてしまったのである。いまのように火災保険があるわけではないから、せっかく蓄《たくわ》えた財産が一瞬にしてなくなってしまうこともあったのだ。

すると、明日からの生活の糧《かて》もおぼつかないという事態になる。そのため、江戸の住民は火事を憎み、火事の原因となった人間を許すことができなかったのである。じっさい、火付けの犯人は、火あぶりになる前に市中を引き回されて、その顔を皆にさらされた。

いっぽう、武士や大商人は、土蔵や穴蔵に財産をしまいこみ、厳重に目張りをほどこして火事による消失を防いでいた。

心中で生き残った者に科せられた厳しい刑罰とは

江戸時代中期の浄瑠璃・歌舞伎台本作者として有名な近松門左衛門《ちかまつもんざえもん》が得意としたのが、『曾根崎心中《そねざきしんじゅう》』などの、いわゆる心中物である。この世では、さまざまなしがらみがあって一緒になることができない男女が、自分たちの愛をまっとうするために、命を絶ち、あの世で一緒になるというストーリーである。

このように、愛を貫《つらぬ》くために命を投げ出すという心中は、とかくロマンチックな題材としてあつかわれることが多い。しかし、江戸時代の心中は、現実にはけっして美しいものではなかった。心中によって死んだ男女の遺体は弔《とむら》うことが許されなかったのだ。これは、心中を図《はか》った男女は人間あつかいをしないというのが幕府の方針だったからである。

それでも、ふたりとも同時に死ねた場合は、まだよかった。心中に失敗して生き残った者には厳しい罰が待っていたのだ。

男女刑罰比較表

罪名	内容	女にたいする刑罰	男にたいする刑罰
密通	未婚の女と密通	親元へ帰す	手鎖(自由を奪われる)
	駆け落ち	親元へ帰す	手鎖
	人妻との密通	死罪	死罪
	主人の娘と密通	手鎖のうえ、親元へ帰す	中追放
	主人の妻と密通	死罪(妻)	引廻しのうえ獄門
心中	心中未遂	三日晒しのうえ身分引き下げ	三日晒しのうえ身分引き下げ
重婚	離縁状なしで結婚	剃髪し、親元へ返す	所払い(居町、居村からの追放)

その罰は生き残ったのが、ひとりかふたりかで異なる。もしも、ふたりとも生き残った場合は、三日間、日本橋でさらされたあと、士農工商のさらに下とされる身分に格下げになった。そして、片方が死に、片方が生き残った場合、生き残った者は死罪とされたのだ。

心中者の多くは、遊女や奉公人など、お金で拘束されている者が多かった。こうした人々が心中を起こすことを重く見た幕府は厳しい処分を取ったのである。また、心中を文芸作品や歌舞伎、絵草子などの題材にすることを禁止して、心中が流行《はや》るのを防ごうともした。

「心中」という言葉は、あくまで一般の呼び名であり、幕府では、心中の〝中〟

の発音が〝忠〟に通じるとして嫌い、役人用語では「相対死《あいたいじに》」と呼んでいた。言葉ひとつにも敏感に反応するほど、幕府にとって心中の流行は頭の痛い問題だったのである。

女性と関係を持った僧には厳罰が待っていた

寺の僧が女性と関係を持つことは「女犯《にょぼん》」と呼ばれ禁じられていたが、寺の僧のなかにも戒律《かいりつ》を守らない堕落《だらく》した僧がいた。なかには妾《めかけ》を囲ったり、遊郭《ゆうかく》に通う者さえいたという。

では、この女犯が明るみになった場合、どのような罰を受けたのだろうか。これは、ケースによって異なる。まず、修行中の僧が未婚の女性と通じた場合には、三日間さらし者になったうえ、各宗の規律によって処罰された。寺からの追放という形がとられることが多かったようである。

次に、寺持ちの僧が未婚の女性と通じた場合には、島流しの刑に処された。上位のものほど戒律は厳しく守らなくてはならないということだろう。

最後に、修行中の僧か寺持ちの僧かにかかわらず、既婚の女性、つまり人妻と通じてしまった場合には獄門《ごくもん》に処された。獄門とは死刑の一種で、斬首《ざんしゅ》の上、首をさらす刑である。

いずれの場合も女犯が発覚した場合には、厳しい罰が待っていたことがわかる。そのため、なんとか見つからないようにと、愛人を寺の奥深くにかくまったり、同じ坊主頭である医者に化けて遊郭通いをする僧もいた。しかし、幕府が取り締まりに力を入れていたため、女犯が明るみに出る僧は多かった。

江戸時代にこのような堕落した僧が多かった理由のひとつには、もともと徳を積むのは、みずからが率先《そっせん》して行なうことだという考えが日本にはあり、戒律を厳しく定めていなかったということがあげられる。古くから、日本の仏教界では、戒律や厳罰主義によって僧たちを統制するのではなく、本人の自主性に任せる傾向があり、このことが災《わざわ》いしたとの見方があるのだ。

また、本人が望んで仏門に入るのではなく、経済的な事情などから、仏門に入らざるをえなかった者も多かった。そのため、本人に修行を積んで徳の高い僧になりたいといった目標がなく、快楽へ走ったともいわれている。

どちらにしても、たとえ僧であっても欲の誘惑に打ち勝つのは並大抵のことではなかったというわけだ。

ただ殺すだけではすまない、江戸時代の死刑あれこれ

現在の日本で死刑といえば、絞首刑《こうしゅけい》のことを指す。しかし、この絞首刑が取り入れられたのは明治以後であるため、江戸時代には絞首刑という刑罰は存在しなかった。では、江戸時代の死刑はどのように行なわれていたのだろうか。

じつは、江戸時代の死刑をひと言で説明するのはむずかしい。なぜなら、江戸時代の死刑は現在のように一種類だけではなく、何種類もあったからである。そのなかから、罪人の罪の重さに応じて、死刑方法が選ばれたのだ。

たとえば、もっともおだやかな死刑は「下手人《げしゅにん》」と呼ばれるもので、斬首の刑に処された。これが「死罪」という死刑になると、斬首のあとの試し斬《ぎ》りが追加される。また「磔刑《たっけい》」という死刑では、町中を引きずりまわされたあと、十字架に体を縛りつけられ、左右から槍《やり》で突つかれて絶命させられた。

そんななか、もっとも残酷だと思われる死刑は「鋸挽《のこぎりびき》」と呼ばれるものだ。その手順を追っていくと、まずは罪人の両肩を切りつけ、その血をつけた鋸とともにさらしておく。その後、罪人は首だけ出して埋められる。そして、そこを通る者が、

江戸時代の死刑の種類

下手人→斬首により殺害する刑。他に付加的な刑罰は科されない。引取り人がいる場合には、死骸を引き渡し弔うことも許されていた

死罪→死刑場である切場で斬首され、死体は試し斬りにされる

獄門→市中引き回しのうえ、斬首。その首を三日間獄門台に晒（さら）して捨てる

磔刑→市中引き回しのうえ、受刑者を十字架に縛り、左右の脇腹、肩にかけて交互に槍で突き刺す。とどめは、咽喉（のど）を右から貫く

火罪→火あぶりの刑。受刑者を薪（たきぎ）の上に立たせ、柱に輪竹で縛る。火あぶりは過酷で、死体にさらに止めをさす

鋸挽→土の中に埋めた箱に罪人を入れ、首だけが地面から出るようにしたうえで三日間見せ物として晒す。その後市中引き回しに

思い思いに罪人の首を置いてある鋸で挽《ひ》く。最後は磔刑と同じく、町中を引きずりまわされたあと、磔《はりつけ》にされ絶命させられた。この罪は主《あるじ》殺しをした者に科せられた。

ほかにも、火あぶりにされる「火罪《かざい》」や、前項でも触《ふ》れた斬り落とされた首がさらされる「獄門《ごくもん》」という死刑があった。江戸時代の刑罰には見せしめとしての意味合いが大きく、その傾向はこれらの死刑にも見ることができる。

また、これらの死刑は江戸中期以降、世の中が比較的平和な時代の方法であり、それ以前はさらに残酷な死刑が横行していた。たとえば、釜に罪人を入れて下から熱する「釜煎《かまいり》」や釜のなかで煮殺す「釜《かま》

茹《ゆで》」、それぞれの足を二頭の牛に反対方向へ引かせて体を引き裂く「牛裂《うしざき》」、牛の代わりに車を使う「車裂《くるまざき》」、ムシロで体を巻いて水中に投げこみ溺《おぼ》れさせる「簀巻《すまき》」などがあった。

お金の多寡で牢屋敷の待遇が劇的に変わった

江戸時代には、現代のように罪人が服役《ふくえき》することがなかったので、刑務所はなかった。ただし、取り調べを行なうあいだや、死刑や入れ墨《ずみ》などの刑が執行されるまでのあいだ、罪人たちを収容しておく、いわゆる留置所のようなものはあった。それが「牢屋敷《ろうやしき》」である。

牢屋敷の囚人たちのあいだには階級制度のようなものができていて、いちばん偉い者は「牢名主《ろうなぬし》」と呼ばれた。牢名主の下には牢内役人と呼ばれる数名の者がいて、牢名主の手先になって牢屋敷内をとりしきっていた。

新しい罪人は、牢屋敷に入ると、まずこの牢内役人から必ず「ツルは持ってきたか」と聞かれた。ツルとは、「命の蔓《つる》」のことで、ズバリお金である。

牢名主は、新しい罪人からお金をとり、それを同心《どうしん》への賄賂《わいろ》などに使った。だから新入りは、牢名主への上納金ともいえる「ツル」を持ってきたかどうかで、牢屋敷内での待遇が変わったのである。

この「ツル」の相場は、無宿者《むしゅくもの》で金二分から一両、有宿者で二～三両だった。一両といえば、いまでいう一〇万円に相当する。相場以上のツルを牢名主に納めれば、牢屋敷内で優遇されたが、ツルを納められない者は、ひどいあつかいを受けた。縄で縛られたり、棒で叩かれたりしたのだ。

それだけではない。食事のときは、牢内役人が料理を取り分けたので、ほんの少量しかもらえなかったり、まったくもらえないこともあった。ツルを納められなかったために、命を落とす者も少なくなかった。

では、このツルを、罪人はどのようにして牢屋敷内に持ちこんだのだろうか。入牢する者は直前に持ち物を改められ、所持品を没収されるので、簡単には持ち

牢名主に納める金額で罪人の運命が左右された

こめない。しかし、ツルのことは、江戸の庶民たちにはよく知られていたので、牢屋敷に入るときには、服のなかにお金を縫《ぬ》いこんだり、紙に包んだお金を呑《の》みこむなどの工夫をして持ちこんだ。

呑みこんだお金は、やがて排泄物《はいせつぶつ》と一緒に体外へ排出されるから、それをきれいに洗ってから使ったという。牢屋敷に入ることが決まった罪人にとって、牢内の待遇を左右するお金の存在は、まさしく〝命の蔓〟だったのである。

江戸のスリは、ひと目でわかる格好をわざとしていた⁈

江戸の町にたくさん出没したスリは、たんなる泥棒や強盗とちがって、彼らなりのプライドを持っていた。スリの技術を子どものころから、先輩に叩きこまれたため、自分たちの技術に誇りを持ち、職人芸とまで思っていたからだ。

職人としての誇りを持っているので、自分がスリだということを隠そうとしなかった。スリだとばれていても、成功させる自信があったからだ。

むしろ、プロのスリは、ひと目でそれとわかる格好をあえてするのが習わしだった。当時の役人が書いた本に、スリの服装が記されている。それによると、秩父絹《ちちぶぎぬ》裏の布子《ぬのこ》（木綿の綿入れ）、帯、紺の筒長の足袋《たび》、晒《さら》し木綿の手ぬぐい、雪駄《せった》などをスリは身につけていた。

さらに、プロのスリは髷《まげ》の元結《もとゆい》を一本一本細いひもで縛っていた。一般人はかなり太い元結で縛っていたので、この格好をしていたら、ひと目でスリだとわかった。

そうした格好をしておいて、それでも奉行所の役人に気づかれずにスリをする。それが粋《いき》と思っていたのである。奉行所役人とスリは、よく顔を合わせていたのでお互いを知っていて、両者でつねに技を競い合っていた。

また、スリの手段は、上方《かみがた》と江戸では異なり、上方では刃物を使って着物を切り、そこから抜き取ったが、江戸では刃物などは使わず指先だけで勝負した。それだけに上方よりも江戸のほうがプライドが

刑の重さは逮捕回数で決められた

高く、こだわりを持っていた。

江戸の町にスリが横行《おうこう》したのは、ひとつにはスリの刑が軽かったことがある。逮捕されても一回目から三回目までは入れ墨、叩き、江戸払いですみ、江戸払いになっても、ちがう場所で稼業は続けられたからだ。

そうはいっても、逮捕が四回目になると打ち首が待っていた。スリは四回捕まって打ち首にされるケースが多く、そのため三〇歳を超えられた者はめったにいなかった。だれもが舌を巻くほどの名人芸と職人としての誇りを持ち、危険を承知でプロの格好をする江戸のスリは粋でいなせな江戸っ子気質《かたぎ》そのものであった?!

馬の暴走で起きた〝交通事故〟への処分とは?!

車やバイクがない江戸時代にも、交通事故は存在した。突然暴れ出した馬や牛によってケガをさせられたり、米などの重い荷を運ぶ大八車《だいはちぐるま》に巻きこまれたりしたのだ。運が悪ければ命を落とす者もいた。

こうした事故が起きる背景には、江戸という町の構造上の問題があった。江戸の道はとても狭いにもかかわらず、人がたくさん行き交《か》うので、歩行者は、馬や牛、大八車のすぐそばを通るしかない。危ないと気づいてもうまくよけるスペースがなかったのだ。また、江戸の庶民の家が道路に面していたことも大きな問題だった。家の扉を開けると、そこに人が往来する道路があったので、ちゃんと確認して飛び出さなければ、すぐに事故に結びつく。

ではこのようにして起きた江戸の事故はどう処理されたのだろうか。これは時代によって異なる。

江戸時代初期には馬や牛が突然暴れ出したり、下り坂で大八車の操作が思いどおりにいかなくて事故を起こしたとしても、引いている者たちがわざとやったわけではないとしてお咎めを受けることはなかった。

しかし、経済が発展し、多くの人や物が行き交うようになると、交通事故がひんぱんに起こるようになり、幕府としてもなんとか手を打たなくてはならなくなった。

そこで、事故を起こした者には、厳しい罰を与えることが定められた。たとえば、街なかを走っていた大八車が人をひいて死亡させた場合には、大八車をひいていた者の責任とされ、被害者にぶつかった側を担当していた引き手は死刑、反対側を担当していた者は、島流しとなった。また、その車の荷主と車引きの家主にまで連帯責任として、重い罰金が科せられた。

現代も変わってない？ 江戸の官官接待の実態

二〇〇八年一月二九日付の朝日新聞に、江戸時代に全国の大名の動きを監視するために幕府が派遣した巡見使《じゅんけんし》への鳥取藩の接待について記した古文書約七〇点が、当時の大庄屋《おおじょうや》の屋敷から発見された、という記事が掲載された。

大庄屋とは、江戸時代にいくつもの村を支配していた村役人である。鳥取藩は接待係を大庄屋に命じ、それをうけた大庄屋は、巡見使を接待するさいの想定問答集をつくって藩に送り、藩側は模範回答などを朱文字で書きこんで大庄屋に送り返していた。

その問答集が発見された古文書のなかにふくまれていたのである。そこには、治安のよさをアピールするために、「囚人はひとりもいないと答えよ」といった一文があった。

また問答集には、お隣の津山藩が巡見使に出した献立《こんだて》も書かれていた。それによると、幕府は「一汁一菜」でよいとしていたのに、タイやくらげなどの刺身のほか、肉料理、煮物なども出していたことがわかった。

この古文書の発見によって、巡見使を接待する鳥取藩の気苦労と、「官官接待」の様子が赤裸々《せきらら》に浮かび上がってきたのである。

これは鳥取藩と津山藩の例であるが、江戸でも幕府の高官への接待は、かなりお金をかけて行なわれていたという記録も残っている。

賄賂がさかんに贈られたのは、明和《めいわ》から天明《てんめい》年間の田沼意次《たぬまおきつぐ》の時代で、「田沼時代」といわれるほど権勢を誇ったときのことだ。田沼は幕府の財政悪化をくいとめるため、株仲間の結成など数々の改革を行なった。しかし、そのいっぽうで金銭中心の世の中になって、賄賂が横行したのだ。

たとえば、京都の遊女《ゆうじよ》を箱に入れ、「京人形」と上書きしたものが贈られてきたり、籠《かご》に魚のキス七〜八尾と野菜を少しのせ、小刀をさしただけのものが贈られてきたので、簡単な贈り物かと思っていたら、なんと時価数十両もの小刀だった、という話も伝えられている。

また幕府の役人は、検地や年貢率を決めるために行なう検見《けみ》のときに農村に出向いたが、この検地役人を迎える農村は接待におおわらわだったようだ。記録によると、年貢率を低く抑えてもらいたい一心で、かなりの賄賂が行なわれていたとある。検見法には抜け道も多く、役人の不正も多かったといわれている。

渡世人が仁義を切る正式な作法とは

江戸時代には旅から旅へと渡り歩いて博打《ばくち》を生業《なりわい》とする渡世人がけっこういた。当時の農村では、次男以下は土地を相続することができなかったので、食いはぐれた貧しい者の多くは渡世人になったのだ。

なかには、人を殺して凶状《きょうじょう》持ち（前科者）になり、逃亡のため渡世人になる者もいた。有名な清水次郎長も凶状持ちの渡世人だった。

家を出奔《しゅっぽん》した渡世人は、旅の途中、その土地の親分のところに世話になって博打で稼がせてもらう。これが「草鞋《わらじ》を脱ぐ」ことである。「一宿一飯《いっしゅくいっぱん》の恩義」にあずかるわけだ。

草鞋を脱ぐためには、親分を訪ねるときに仁義《じんぎ》を切るのだが、この仁義、単なる渡世人同士の挨拶ではない。仁義を切るほうにも受けるほうにも、きっちりした渡世の作法があり、それを間違えると斬り殺されても仕方がなかった。仁義を切るということは、命がけだったのである。

まずは、渡世人が親分を訪問する時間だが、昼七つ（午後四時）をすぎていたら、親分は渡世人を泊めなければならない。次に渡世人は、いきなり家の戸を開けてはならない。そんなことをしたら、親分一家に殴りこみかと思われて、斬り殺されてしまう。

戸を開ける前に「ごめんくだせえ。旅の者にござんす」と挨拶する。敷居をまたいで中に入るときは三歩進んで一足もどり「敷居うち御免《ごめん》なすってくださいまし」と腰をかがめて挨拶する。その後、有名な「お控えなすって……」という仁義を切るわけだが、ここではひと言も間違えることは許されなかった。

仁義をうまく切ることができて、はじめて宿泊許可が下り、部屋に案内された。しかし、ここでも渡世人の作法がある。さっそく股引《ももひき》を脱いでくつろごう……なんて、とんでもない。その家の者に「どうぞ股引を取って楽にしておくんなせえ」といわれて、はじめてくつろぐことができたのだ。

百姓一揆や打ちこわしにも〝マナー〟があった⁈

百姓一揆では、過酷な年貢を取り立てる代官《だいかん》の屋敷を、農民たちが蓆旗《むしろばた》を掲げ、竹槍、鍬《くわ》、鎌などの農具を武器に襲撃したりした。また、打ちこわしでは米屋や富《ふ》裕《ゆう》な商家を、生活に困窮した人たちが襲撃した。どちらも怒りにまかせてめちゃくちゃに暴れ回るイメージが定着しているが、じっさいは、どちらも規律ある行動であったということが近年の研究によってわかってきた。

たとえば江戸では、三度にわたって大きな打ちこわし騒動が起こった。享保《きょうほう》一八年（一七三三）、天明《てんめい》七年（一七八七）、慶応《けいおう》二年（一八六六）の三回である。

享保一八年の打ちこわしは、日本橋本船町の米穀問屋高間伝兵衛の店を一軒だけ打ちこわした。これは、西日本で虫害のため稲が全滅、米の値段が暴騰《ぼうとう》するなかで、高間伝兵衛が米の買い占めを行なっていたために起きたといわれる。

天明七年の打ちこわしは、打ち続く天災と大凶作のためだった。全国的な大飢饉《だいききん》となったので、江戸だけでなく、大坂、長崎などの主要都市でも打ちこわしが発生した。

江戸では五月二〇日に、深川、四谷、青山、赤坂あたりの米屋で打ちこわしがはじまった。米麦を買い占めて隠匿《いんとく》し、飢えた者に提供することもしない店が襲われたのだ。襲った者は、農民ではなく、裏長屋の住民で、左官、屋根葺《ふ》きなどの職人、魚や野菜を売り歩く小商人などだった。

米の価格をつりあげ、隠匿していた米屋に憤懣《ふんまん》が爆発したのだが、彼らは無秩序な暴徒と化したわけではなかった。打ちこわしにもルールが定まっていて、盗みをせず火の用心をして、近隣には迷惑をかけないように気を使った。

仲間が盗みを働こうとすると、その者を打ち据《す》えて盗品を奪い返したという。この打ちこわしの様子を「丁寧で礼儀正しい狼藉」と日記に書き残している旗本もいるほどだ。

百姓一揆でも、農民たちは決まりにのっとって、村役人の主導のもと、統制のきいた行動をとっている。鍬や鎌などの農具を持ち、蓑笠《みのかさ》を身につけたのは、農民が年貢を納めることで幕府を支えているという自覚を持っていたからで、領主に自分たちが農民であることを強調するためだった。

農民の作法ともいえるこのような規律正しい一揆のルールは、江戸中期ごろに成立したようだ。だが、江戸末期になると、それもしだいに失われていき、暴力的行為を行なうようになっていった。

＊　　＊

いかがでしたでしょうか。思わず驚くような意外な「しきたり」もあったことと思います。今に残るもの、なくなってしまったもの、さまざまですが、しきたりの奥にある〝こころ〟は日本人として大切にしていきたいものです。

2008.4.19

⊙左記の文献等を参考にさせていただきました――

「江戸の素顔」暉峻康隆、「江戸の料理と食生活」原田信男編、「江戸文化歴史検定公式テキスト 上級編」江戸文化歴史検定協会、「大江戸の春」西山松之助（以上、小学館）／「図説 大江戸さむらい百景」渡辺誠、「図説江戸3 町屋と町人の暮らし」平井聖監修、「図説江戸8 大江戸捕物帳」秋山忠彌監修（以上、学習研究社）／「江戸おしゃれ図絵」菊地ひと美、「江戸っ子の世界」南和男、「江戸に学ぶ『おとな』の粋」神崎宣武（以上、講談社）／「絵で見る江戸の女たち」原田伴彦ほか、「江戸が大好きになる古文書」油井宏子、「図説 江戸の下級武士」高柳金芳（以上、柏書房）／「江戸の庶民生活・行事事典」「江戸の生業事典」渡辺信一郎、「日本史小百科 遊女」西山松之助編（以上、東京堂出版）／「江戸の助け合い」芳賀登ほか、「史料が語る江戸期の社会実相一〇〇話」「史料が語る江戸の暮らし一二二話」日本風俗史学会編（以上、つくばね舎）／「江戸たべもの歳時記」浜田義一郎、「江戸庶民の楽しみ」青木宏一郎、「江戸東京歴史探検 第1巻」東京都江戸東京博物館監修（以上、中央公論新社）／「化粧ものがたり」高橋雅夫、「江戸時代町人の生活」田村栄太郎、「大奥の秘事」高柳金芳（以上、雄山閣）「京阪と江戸」宮本又次、「三田村鳶魚 江戸生活辞典」稲垣史生（以上、青蛙社）／「江戸にぞっこん」菊池ひとみ、「江戸意史」文化出版局編集部編（以上、文化出版局）／「江戸の暮らし 3DCGと浮世絵からひもとく江戸の街並み文化遊び」、「江戸の雑学 サムライ篇」山本博文（以上、双葉社）／「江戸人のしきたり 日本人の知恵と元気の源泉」北嶋廣敏、「日本人が大切にしてきた大人のしきたり」柴田謙介（以上、幻冬舎）／「大奥よろず草紙」由良弥生、「語り継ぎたい『日本の言い伝え』」黒塚信一郎（以上、原書房）／「時代考証おもしろ事典」山田順子、「大江戸八百八町 知れば知るほど」石川英輔監修（以上、実業之日本社）／「江戸町人の生活」日本映画テレビプロデューサー協会編、「続・江戸町人の生活」今戸榮一編（以上、日本放送出版協会）／「江戸時代にみる日本型環境保全の源流」、「東京 大江戸万華鏡」（以上、農山漁村文化協会）／「和の暮らしが楽しい！ おうち歳時記」中西利恵（成美堂出版）／「絵で見て納得！ 時代劇のウソ・ホント」「大江戸復元図鑑〈庶民編〉」笹間良彦（遊子館）／「志ん生で味わう江戸情緒」凡平（技術評論社）／「なるほどナットク 大江戸八百八町」河野亮、岸志征（青谷舎）／「日本の歴史を解く100話」吉村武彦ほか編著（文英堂）／「江戸に和む」根本裕子（文芸社）／「江戸服飾史談 大槻如電講義録」吉田豊編著（芙蓉書房出版）／「なるほどッ日本のしきたり」大峡儷三（学陽書房）／「大江戸かくれ話事典」平田公（叢文社）／「江戸Ｔｏｋｙｏストリートファッション」遠藤雅弘（ギャップ出版）／「江戸庶民の旅 旅のかたち・関所と女」金森敦子（平凡社）／「江戸の旅文化」神崎宣武（岩波書店）／「大江戸まるわかり事典」大石学編（時事通信社／「江戸ごよみ十二ヶ月」高橋達郎（人文社）／「百万都市 江戸の生活」北原進（角川書店）／「絵解き江戸しぐさ」和城伊勢（金の星社）／「江戸三〇〇年「普通の武士」はこう生きた」八幡和郎・臼井喜法（ＫＫベストセラーズ）／「新版 江戸八百八町」川崎房五郎（光風社出版）／「江戸びとの情報活用術」中田節子（教育出版）／「図説 大江戸おもしろ事典」稲垣史生（三笠書房）／「誰も知らない日本史の真実」加来耕三（ナツメ社）／「江戸っ子の美学」諏訪春雄（日本書籍）／「雑学 大江戸ものしり百科」細田隆善（日東書院）／「江戸商売往来」興津要（プレジデント社）／「江戸に行こう」根本裕子（リトル・ガリヴァー社）／「江戸

町奉行 支配のシステム」佐藤友之（三一書房）／「大江戸を遊ぶ」渡辺誠（三修社）／「江戸時代『生活・文化』総覧」（新人物往来社）／「大奥の奥」鈴木由紀子（新潮社）／「江戸の冠婚葬祭」中江克巳（潮出版社）／「使ってみたい武士の日本語」野火迅（草思社）／「江戸の恋『粋』と『艶気』に生きる」田中優子（集英社）／「百姓の江戸時代」田中圭一（筑摩書房）／「江戸と東京風俗野史」伊東晴雨（図書刊行会）／「江戸風物詩」川崎房五郎（桃源社）／「江戸ことば百話」西山松之助編（東京美術）／「たばこ百話」日本たばこ産業株式会社広報部（東洋経済新報社）／「江戸歳時記」宮田登（吉川弘文館）／「江戸作法から学ぶ快適暮らしの知恵」村石利夫（有楽出版社）／「江戸学事典」西山松之助ほか編（弘文堂）／「大江戸庶民のあっと驚く生活考」渡辺信一郎、「江戸の盗賊 知られざる〝闇の記録〟に迫る」丹野顯、「江戸の職人 その『技』と『粋』な暮らし」鈴木章生監修、「江戸三〇〇年吉原のしきたり」渡辺憲司監修、「日本の伝統を読み解く暮らしの謎学」岩井宏實（以上、青春出版社）／「お江戸の意外な生活事情 衣食住から商売・教育・遊びまで」中江克巳、「なるほど！民俗学」新谷尚紀、「江戸は踊る！」中田浩作、「目からウロコの江戸時代 風俗・暮らしのおもしろ雑学」武田櫂太郎、「目からウロコの民俗学」橋本裕之編著（以上、ＰＨＰ研究所）／「すぐそこの江戸」稲垣史生、「まるわかり！日本人しきたり雑学」日本社、「日本の風俗 起源を知る楽しみ」樋口清之（以上、大和書房）／「江戸っ子学・知ってるつもり」中村整史朗（大和出版）／ほか

KAWADE
夢文庫

江戸のしきたり
面白すぎる博学知識

二〇〇八年五月一日　初版発行

著　者……………歴史の謎を探る会〔編〕

企画・編集………夢の設計社
東京都新宿区山吹町二六一〒162-0801
☎〇三―三二六七―七八五一（編集）

発行者……………若森繁男

発行所……………河出書房新社
東京都渋谷区千駄ヶ谷二―三二―二〒151-0051
☎〇三―三四〇四―一二〇一（営業）
http://www.kawade.co.jp/

装　幀……………川上成夫＋千葉いずみ

印刷・製本………中央精版印刷株式会社

組　版……………イールプランニング

Printed in Japan ISBN978-4-309-49684-9

電撃文庫
創刊15周年を記念して、
「電撃hp」掲載の大人気企画
「電撃コラボレーション」が
書き&描きおろしも収録した豪華文庫になって帰ってきた!!!
大好評発売中!
電撃文庫創刊15周年
15th ANNIVERSARY DENGEKIBUNKO
電撃コラボレーション
まい・いまじね～しょん
西E田の描いた一枚のイラストから、
電撃作家11人&絵師6人が
それぞれの物語を紡ぎ出す!!
夢の競演が実現した、
電撃文庫読者必携の一冊です!
著
電撃文庫記念企画
うえお久光
上月司
中村恵里加
有沢まみず
古橋秀之
成田良悟
時雨沢恵一
有川浩
五十嵐雄策
柴村仁
岩田洋季
イラスト
西E田
むにゅう
京極しん
田上俊介
さそりがため
三日月かける
山本ケイジ
電撃文庫

電撃文庫

断章のグリムⅥ　赤ずきん・下

甲田学人
イラスト／三日月かける

ISBN978－4－8402－4116－8

意識不明の重体に陥った雪乃。彼女の重荷を減らすため、蒼衣は単身、手がかりの見えぬ謎へと立ち向かう。だが、この街の狂気は想像を遥かに超えていて——!?

こ-6-19　1521

断章のグリムⅦ　金の卵をうむめんどり

甲田学人
イラスト／三日月かける

ISBN978－4－04－867016－6

死んだ母親の形見の指輪。それは翔花にとって唯一残った母との繋がりだった。彼女はいつも雪乃の家で泣いていた。そして、人形的な美しさを持つ風乃と出会い——。

こ-6-20　1574

断章のグリムⅧ　なでしこ・上

甲田学人
イラスト／三日月かける

ISBN978－4－04－867172－9

人魚姫の事件から二ヶ月。一人残された千恵の住む街で女子高生が自殺した。死を悼んだ臣が持ち帰った机に置かれた白いユリは、決して枯れることもなく——。

こ-6-21　1631

リセット・ワールド　僕たちだけの戦争

鷹見一幸
イラスト／Himeaki

ISBN978－4－8402－4189－2

あの大崩壊から5年。日本は不思議な国になっていた。立川あたりが西東京協和国なんて名乗ってたり。鷹見一幸が贈る「リセットされた世界の物語」がスタート！

た-12-18　1564

リセット・ワールド2　僕たちが守るべきもの

鷹見一幸
イラスト／Himeaki

ISBN978－4－04－867175－0

西東京協和国の圧倒的兵力の前に孤立する慎吾たち熊谷コミュニティ。悲壮感が漂う中、慎吾だけは逆転の秘策を見出すのだが……。戦いの行方は!?

た-12-19　1634

とらドラ！

竹宮ゆゆこ
イラスト／ヤス

ISBN4－8402－3353－5

目つきは悪いが普通の子、高須竜児。〝手乗りタイガー〟と恐れられる女の子、逢坂大河。二人は出会い竜虎相食《あいは》む恋と戦いが幕を開ける！　超弩級ラブコメ登場！

た-20-3　1239

とらドラ2！

竹宮ゆゆこ
イラスト／ヤス

ISBN4－8402－3438－8

川嶋亜美。転校生。ファッションモデル。顔よしスタイルよし外面、よし。だけどその本性は――？　またひとり手ごわい女の子の参戦です。超弩級ラブコメ第2弾！

た-20-4　1268

とらドラ3！

竹宮ゆゆこ
イラスト／ヤス

ISBN4－8402－3551－1

竜児と亜美がまさに抱き合わんとしている（ように見える）場面を目撃した大河。一触即発の事態からなぜか舞台はプール勝負へ!?　超弩級ラブコメ第3弾！

た-20-5　1315

とらドラ4！

竹宮ゆゆこ
イラスト／ヤス

ISBN978－4－8402－3681－2

夏休み、亜美の別荘へと遊びにいくことになった大河たち。いつもとは違う開放的な気分の中、竜児と急接近を果たすのは――？　超弩級ラブコメ第4弾！

た-20-6　1370

とらドラ5！

竹宮ゆゆこ
イラスト／ヤス

ISBN978－4－8402－3932－5

文化祭の季節。クラスの演しものとかミスコンとかゆりちゃんの暗躍などなど楽しみなイベント満載の中、大河の父親が現れて……!?　超弩級ラブコメ第5弾！

た-20-8　1467

電撃文庫

神様のメモ帳3
杉井 光
イラスト／岸田メル
ISBN978－4－04－867097－5

記憶を失い戻ってきた彩夏。廃部の危機を迎えた園芸部。その創設に絡む死亡事件――ニート探偵アリスの出す答えは？ ニートティーン・ストーリー第3弾。

す-9-8　1612

火目の巫女
杉井 光
イラスト／かわぎしけいたろう
ISBN4－8402－3303－9

ひたむきな伊月、謎めいた盲目の佳乃、無邪気で才能あふれる常和。化生を討ち滅ぼす〝火目〟を目指す三人の巫女の物語。第十二回電撃小説大賞〈銀賞〉受賞作！

す-9-1　1216

火目の巫女 巻ノ二
杉井 光
イラスト／かわぎしけいたろう
ISBN4－8402－3436－1

火護衆唯一の弓衆となった伊月。禁固の身となった佳乃。降楼した火目を埋葬する〝廃火の儀〟で起こった事件をきっかけに、二人の運命は再び交差する――。

す-9-2　1266

火目の巫女 巻ノ三
杉井 光
イラスト／かわぎしけいたろう
ISBN4－8402－3522－8

御明かしたちは最初の火目・霞の鳴箭である歌を聴き、空からは紅い雪が舞い降りる……。都に起こる異変を前に、伊月の新たな戦いがはじまる！

す-9-3　1307

アカイロ／ロマンス 少女の鞘、少女の刃
藤原 祐
イラスト／椋本夏夜
ISBN978－4－04－867184－2

夜の美術室。倒れたクラスメイト。エプロン姿のメイドが持つ鳥籠から少女の声が響く。「これより喪着を執り行う」――。藤原祐×椋本夏夜、待望の新シリーズ。

ふ-7-16　1643

電撃文庫創刊に際して

文庫は、我が国にとどまらず、世界の書籍の流れのなかで〝小さな巨人〞としての地位を築いてきた。古今東西の名著を、廉価で手に入りやすい形で提供してきたからこそ、人は文庫を自分の師として、また青春の想い出として、語りついできたのである。

その源を、文化的にはドイツのレクラム文庫に求めるにせよ、規模の上でイギリスのペンギンブックスに求めるにせよ、いま文庫は知識人の層の多様化に従って、ますますその意義を大きくしていると言ってよい。

文庫出版の意味するものは、激動の現代のみならず将来にわたって、大きくなることはあっても、小さくなることはないだろう。

「電撃文庫」は、そのように多様化した対象に応え、歴史に耐えうる作品を収録するのはもちろん、新しい世紀を迎えるにあたって、既成の枠をこえる新鮮で強烈なアイ・オープナーたりたい。

その特異さ故に、この存在は、かつて文庫がはじめて出版世界に登場したときと、同じ戸惑いを読書人に与えるかもしれない。

しかし、〈Changing Time, Changing Publishing〉時代は変わって、出版も変わる。時を重ねるなかで、精神の糧として、心の一隅を占めるものとして、次なる文化の担い手の若者たちに確かな評価を得られると信じて、ここに「電撃文庫」を出版する。

1993年6月10日
角川歴彦

電撃文庫

さよならピアノソナタ3

杉井《すぎい》 光《ひかる》

発　行　二〇〇八年八月十日　初版発行

発行者　髙野　潔

発行所　株式会社アスキー・メディアワークス
〒一六〇-八三二六　東京都新宿区西新宿四-三十四-七
電話〇三-六八六六-七三一一（編集）

発売元　株式会社角川グループパブリッシング
〒一〇二-八一七七　東京都千代田区富士見二-十三-三
電話〇三-三二三八-八六〇五（営業）

装丁者　荻窪裕司（META＋MANIERA）

印刷・製本　株式会社暁印刷

ISBN978-4-04-867182-8 C0193

本書に対するご意見、ご感想をお寄せください。

■

あて先

〒160-8326 東京都新宿区西新宿4-34-7
アスキー・メディアワークス電撃文庫編集部
「杉井 光先生」係
「植田 亮先生」係

■

◉杉井　光著作リスト

「火目の巫女」（電撃文庫）
「火目の巫女　巻ノ二」（同）
「火目の巫女　巻ノ三」（同）
「神様のメモ帳」（同）
「神様のメモ帳2」（同）
「神様のメモ帳3」（同）
「さよならピアノソナタ」（同）
「さよならピアノソナタ2」（同）
「死図眼のイタカ」（一迅社文庫）
「さくらファミリア！」（同）

だれも指摘しないなら黙《だま》っておけばいいのに、これはあとがきのネタになるわいと使ってしまう自分の貧乏性にあきれてしまいます。

しかしあるいは、あまり指摘されないのは当たり前のことなのかもしれません。たしかに名前は一文字ちがいですし年齢《ねんれい》も同じなのですが、なにより周囲にいる人々がちがいます。人は、自分だけで成り立っているわけじゃない。稲葉《いなば》浩志《こうし》が言っている通りです。人間はみんな普通で、出逢《であ》いが、ただ出逢いだけが、どれも特別なのでしょう。

もちろん、担当編集の湯浅《ゆあさ》さまとイラストレーターの植田《うえだ》亮《りょう》さま、お二人《ふたり》との出逢いが、桧《ひ》川直巳《かわなおみ》にとってはいちばん特別でした。それがなければこの世に生まれていません。とくに湯浅さまの軌道修正がなければ、桧川直巳は自分の足では歩けなかったことでしょう。彼のかわりに――そして僕自身のことも含めて――この場を借りて、厚く御礼《おんれい》申し上げます。ありがとうございました。

二〇〇八年五月　杉井光《ひかる》